자두맛 캔디

자두맛 캔디

만화가 이빈 에세이

비에이블

프롤로그
이제는
말할 수 있다

《안녕 자두야》를 그리면서는 주어진 지면이 짧아 다하지 못한 이야기가 많다. 이 책에는 그렇게 흘러넘치는 나의 자전적인 조각들을 모았다. 아무래도 만화는 픽션이다 보니 재미를 위해 일부분은 과장이나 각색을 시키기도 했다. 여기서는 1980년대 나의 어릴 적과 33년간 내가 만화를 그려오면서 지나온 세월을 담담하게 기록하는 데 집중했다. 이제는 사라져버린 예전의 추억들 그리고 지금은 거의 아무도 하지 않는 손으로, 펜촉으로, 잉크로 만화를 그리던 시절을 오래도록 기억하고 싶다.

나름 긴 시간 동안 작업했는데 모아놓으니 무척 짧게도 느껴진다. 사실 처음 에세이를 제안받았을 때는 이렇게 힘든 작업이 될 줄 몰랐다. 재밌을 것 같아서(내가 무언가를 결정할 때 가장 중요한 조건이다) 덥석 승낙했는데 이런 식으로 업보가 되어 돌아올 줄이야. 만화를 그릴 때 항상 스토리를 썼으니 글 쓰는 작업을 마냥 쉽게 생각하기도 했다.

그런데 막상 집필하려고 앉으니 바짝 얼어버려서 무슨 이야기를 담아야 할지 고민이 몰려왔다. 경직된 나에게 편하게 쓰면 된다며 길을 알려주고, 재미있다고 용기를 건네준 담당 편집자님에게 감사의 인사를 전하고 싶다. 그리고 이 책을 손에 쥘 독자분들도 부디 즐겁게 읽어주길 바라며 무한한 감사와 사랑의 마음을 보낸다.

마지막으로 하늘나라에 계신 엄마에게 이 책을 드린다. 엄마에게 서운했던 순간도 많이 담았지만, 그곳에서 나의 이야기를 편하게 읽어주셨으면 좋겠다.

– 만화가 이빈

 차례

프롤로그 이제는 말할 수 있다   4

PART 1 안녕? 자두야!

Look back at my story (1)	11
Look back at my story (2)	19
우리 외삼촌은 다빈치	27
장발장	34
선생님에게	44
내 동생 커비	51
프로야구가 좋아	58

PART 2 그럼에도 사랑하는 건

봄의 전쟁	67
맛있으면 바나나	73
내 인생의 떡볶이	79

혼분식을 하자	85
가장 오래된 기억	91
장녀라이팅	100
생일 수박 케이크	106
태몽	114

PART 3 세상의 모든 자두에게

누룽지 이야기	127
봉숭아 물 첫사랑	136
미역국 먹방	142
채식주의자	149
얼지 마 죽지 마 부활할 거야	155
내 친구 ADHD	162
그대들은 어떻게 살 것인가	169

PART 4 언제나 다시 계절은 봄

수작업으로 만화 그리기 (1)	183
수작업으로 만화 그리기 (2)	190
안경의 역사	198
가난과 감기와 고양이 집사는 숨길 수 없다	204
내 인생의 커피	209
천사의 팬티	217
인연	226

PART 1
안녕?
자두야!

Look back at my story (1)

마감이 끝나고 아이와 함께 미뤄두었던 영화관에 갔다. '만화인 필수 영화'에 들어간다는 〈룩백〉을 보기 위해서였다. 어릴 때부터 함께 그림을 그리던 두 소녀의 우정을 담은 일본 애니메이션인데 이 이야기가 나의 오래전 동심도 떠오르게끔 했다.

나는 어릴 때부터 만화를 잘 그렸다. 나에겐 그게 당연했다. 연필을 쥐었을 때부터 들었던 얘기였으니까. 아빠는 글씨보다 그림을 먼저 그렸던 나를 천재라고 추켜세웠다. 퇴근할 때면 스케치북과 크레파스를 사오고 만화방에서 만화책도 잔뜩 빌려다 주었다. 나는 세상에서 나보다 그림을 잘 그리는 애는 없는 줄 알았다.

그리고 초등학교에 입학했다. 학교에서도 내 별명은 '그림 잘 그리는 애'였다. 친구들은 너는 미술학원도 안 다니는데 어쩜 이렇게 그림을 잘 그리냐고 감탄했다. 그날도 쉬는 시간에 책상에 엎드려 열심히 그림을 그리는데 다른 반 여자애들 몇 명이 나를 찾아왔다. "네가 ○○니?" 대뜸 내가 그리고 있는 그림을 흘끗 보더니만 "흥, XX보다 별로 잘 그리지도 못하네" 하며 대단히 무례한 말을 던지고는 그대로 뒷문으로 나가버렸다. 나는 '뭐 저런 애들이 다 있지?' 싶었지만 그리 대수롭지 않게 넘겼다.

그날 이후로 비슷한 소리가 심심치 않게 들려오기 시작했다. 다른 반에 그림을 엄청나게 잘 그리는 애가 있다는 소문이었다. 신경이 곤두섰다. 나보다 그림을 잘 그리는 애가 있다는 건 금시초문이었다. 당연히 그 애가 궁금했지만 신경 쓰지 않기로 했다. 지금으로 치면 정신승리 같은 거랄까? 애써 무시한 채 초등학교의 끝자락에 닿았다.

나는 6학년이 되어서도 열심히 만화를 그렸다. 아직 새 학년이라 친한 친구도 없어 더욱 그림에만 몰두했다. 그때 어떤 키 큰 애가 나에게 말을 붙였다. "네가 ○○야?" 소문으로만 듣던 XX였다. 그림을 그렇게 잘 그린다는 XX, 어쩌면 나보다도. 그 애는 작년부터 네 얘기를 많이 들어서 너랑 같은 반이 되고 싶었다며 웃었다. 그 애랑 같은 반이 된 것이었다. 그 애는 키가 크고 시원시원하게 생긴 웃을 때 보이는 가지런한 치아가 예쁜 애였다.

그 애는 나와 친해지고 싶었다며 오늘 자기네 집에 놀러 가자고 했다. 붙임성이 끝내줬다. 나도 누구든 금방 친해지는 편인데다 그 애는 구김살 없는 밝은 성격에 외모까지 호감형이라 안 좋아할 수가 없었다. 그날 나는 처음 본 그 애의 집에서 저녁을 얻어먹으며 늦게까지 놀았다. 그 애가 그린 그림들을 구경하고 나도 내 연습장의 그림들을 보여줬다. 그렇게 우린 제일 친한 친구가 되었다.

어쩌면 그건 운명이었다. 학교에서 만화를 제일 잘 그리는 애들끼리 만났으니까. 우리는 사는 동네도 같았고 심지어 짝사랑하던 남자애도 같았다. 모든 것이 쌍둥이처럼 잘 맞았고 너무나 잘 통했다. 우리는 곧 앤과 다이애나의 교환일기처럼 교환만화를 그리기로 했다. 내가 먼저 1화를 그리고 그 노트를 그 애의 서랍에 넣어두면 그 애가 연이어 2화를 그린 다음 내 서랍에 놓고 갔다. 그 만화 노트는 아이들 사이에서 인기를 끌어 서로 보려고 난리였다.

그 애에겐 우리보다 세 살 많은 언니가 있었는데 언니는 언제나 우리에게 공평한 만화 비평을 들려주었다. 우리는 무릎을 꿇고 앉아 비장하게 언니의 비평을 들었다. 지금 생각해도 언니는 정말 냉정

한 비판을 들려주었다. 그림체와 마스크는 친구가 더 예쁘지만 표정이 없고 동작이 너무 뻣뻣하며 나는 마스크는 친구보다 예쁘게 그리진 못하지만 만화같이 자연스럽게 그리는 것이 장점이라고 이야기해주었다.

우리는 같은 중학교에 입학했다. 아쉽게도 중학생이 되어서 같은 반이 된 적은 한 번도 없었다. 하지만 영원한 절친이었고 항상 같이 하교했다. 우리 집은 작고 별로였지만 그 애의 집은 넓은 주택이라 주로 거기에서 놀았다. 때론 함께 자고 공부도 했다. 만화 노트도 계속 이어서 그렸고 공동 필명도 지었다. '이빈'이라고. 그때는 그 이름이 그렇게 멋있어 보였다. 만약 우리가 커서 어른이 되어 연락이 끊어지더라도 누구든지 먼저 만화가가 되는 사람이 이 필명을 사용하자고 약속했다. "그러면 나머지 한 사람이 그 이름을 보고 찾아가는 거지." 너무나 로맨틱한 기분에 가슴이 벅차올랐다.

상급생이 되면서 고민하기 시작했다. 그땐 고교 입시가 있어 연합고사를 쳐야 했다. 공부도 공부지만 나는 타고난 성격이 밝고 사람을 좋아해서 학교에 모르는 애가 거의 없었다. 같이 놀자는 친구도 많은데 공부까지 해야 하니 만화를 그릴 시간이 나질 않았다. 나는 만화를 위해서 과감하게 인싸 생활을 포기하기로 마음먹었다. 마음 독하게 놀자는 친구들을 뿌리치고 그 시간에 틀어박혀 만화를 그리기로 다짐한 것이다.

나도 나지만 그 애는 거의 아이돌에 가까웠다. 키가 크고 공부도 잘했다. 스포츠도 만능이고 서글서글한 성격에 얼굴까지 잘생겼다. 예쁘다기보다 반듯하게 '잘생겼다'. 이 정도 조건이면 여학교에서 거의 스타급 아이돌이 되고 만다. 그 애를 추종하며 따라다니는 팬클럽까지 있을 정도였다. 초등학교 때도 우리 반에 찾아와서 나를 염탐하던 여자애들이 있었으니 팬클럽은 그때부터 존재했었나 싶다. 팬클럽

애들은 나한테 찾아와 "너 XX한테서 떨어져!" 하는 만화 같은 대사까지 내뱉었다. 그 애는 방과 후엔 운동장에서 농구를 자주 했는데 그 모습은 사춘기 여학생들의 하트를 저격하기에 충분했다. 어느 순간 그 애는 그 팬클럽 애들이랑 같이 다니기 시작했다. 그러고는 더 이상 만화를 그리지 않았다.

Look back at my story (2)

　그 애는 더 이상 만화를 그리지 않았다. 나와 함께 집에 가지도 않았다. 항상 새로 사귄 친구들과 같이 다녔다. 나는 초등학교 때부터 둘이 오가던 하굣길을 혼자 걸어야 했다. 학교에서 우리 동네로 돌아오는 길엔 만화방이 두 개나 있었다. 우린 돈이 있으면 거기에 들러 만화책을 보고 돈이 없으면 밖에 서서 새로 나온 신간들의 표지를 구경했다. 만화 취향은 웃기게도 정반대였다. 그 애는 정통 순정만화 느낌의 로맨스물을 좋아했고 나는 추리물이나 미스터리물처럼 어두운 장르를 좋아했다.

취향은 달랐지만 우리는 만화에 관한 이야기를 엄청나게 많이 나누었다. 학교에서 출발해 큰길을 따라 쭈욱 걷다 보면 그 애와 우리 집이 나뉘는 골목이 나왔다. 그럼 골목 입구에 있는 이층집 계단에 나란히 앉아 한 시간이고 두 시간이고 떠들다가 헤어지곤 했다. 무슨 할 말이 그렇게 많았을까? 둘이서 무슨 말을 그렇게 나눴는지 지금은 전혀 기억나지 않는다. 우리는 그렇게 모든 것이 서로 재밌었다. 그러나 그 애는 더 이상 나와 함께 집에 가지 않았다. 새로 사귄 친구들과 운동장에 남아 농구를 하고 놀았다. 그리고 드디어 나는 마음을 굳혔다. 프로 만화가를 목표하기로.

중학교에 올라와 새로 사귄 친구 하나가 나에게 물었다. "너 혹시 동인지 할래?" 만화 동인지는 마음 맞는 사람들끼리 모여 만화와 스토리를 써서 내는 창작 잡지였다. 그 존재를 알고는 있었다. 지금의 온라인 커뮤니티 역할이었던 그 시절 〈여학생〉이나 〈소녀시대〉같은 소녀 잡지에는 황미나 작가님, 김동화 작가님, 한승원 작가님 등 유명 프로 작가들의 연재만화와 함께, 엽서에 자기 그림을 그려서 보내면 잘 그린 그림을 뽑아 실어주는 솜씨 자랑 코너가 있었다. 만화 동호회의 회원 모집 광고도 실리곤 해서 어떤 동인지와 모임이 있는지 알고 있었다. 용기 내어 가입해보려다가 '설마 나 같은 애를 받아줄까' 하는 자격지심이 들었다.

그 친구는 자기 언니와 언니의 친구들이 새로 만드는 만화 동인지를 같이 해보자고 제안했다. 나는 그때 막 프로 만화가를 꿈꾸던 중이라 그 동인지에 참가하기로 했다. 언니들을 만나 동인지를 내려면 무엇이 필요한지 배우느라 엄청나게 바빠졌고 정신이 하나도 없었다. 그렇게 그 애와 나의 길은 갈리게 되었다.

1986년 서울 아시안게임과 1988년 서울 올림픽을 앞두고 나라에서는 강남 개발에 열을 올렸다. 좀 산다고 하는 집들은 모두 짐을 싸서 강남으로 이사를 하던 시기였다. 그 애는 사업가였던 아버지의 결심에 따라 강남으로 이사를 하게 되었다. 서운해서 엉엉 우는 나에게 그 애는 쿨하게 말했다. "야, 그래도 서울이잖아. 자주 전화하고 편지도 하면 되지." 그 애는 고등학교 입학을 앞두고 전학을 갔다. 그 애의 말대로 우린 자주 전화하고 편지를 주고받았다. 그 애는 가끔 옛 동네 친구들과 나를 만나러 우리 학교에 찾아오기도 했다. 그 애는 이제 만화는 전혀 그리지 않았다. 운동도 공부도 워낙 잘하던 친구라 체대 입시를 준비한다고 했다.

　　그런 그 애에게 내가 만화 동인지를 하게 되었다는 말은 하지 못했다. 왜 그랬는지는 잘 모르겠다. 그 애가 더 이상 만화를 그리지 않으니 만화에 대한 화제를 꺼낼 수가 없었나. 둘이 만나는 시간은 너무

짧고 할 말은 많으니 만화 얘길 꺼낼 틈이 없기도 했다. 그 애는 여전히 빛나고 멋있었다. 그 애는 항상 그랬다. 그 애에 비하면 방구석에 틀어박혀 그림만 그려대는 내가 스스로 초라하게 느껴졌던 것도 같다. 나는 중학교 때까지와는 전혀 다른 아이가 되었다. 만화만 그렸다. 스스로 그렇게 성격을 바꾸었다. 애들이랑 어울려 놀다가는 만화를 그릴 시간이 나질 않았다. 입시 공부도 해야 했으니까. 고등학교를 졸업하자마자 프로 만화가로 데뷔하겠다는 큰 야망도 가지고 있었다.

그렇게 우리는 멀어졌다. 한 달에 한두 번 오던 전화와 편지는 더 이상 오지 않았다. 나도 보내지 않게 되었다. 그리고 그 애에 대해서도 잊었다. 그렇지만 그 애 말고 다른 친한 친구는 만들지 않았다. 그러고 싶지가 않았다. 그렇게 고등학교를 졸업하고 성인이 되었다. 준비했던 원고로 공모전에 입상하여 프로 만화가로도 데뷔했다. '이빈'이란 필명으로. 우리 둘이서 언젠가 만화가가 된다면 공동 필명으로 하자고 지었던 이름으로. 하지만 난 꿈에도 몰랐다. 그 애가 나의 만화를 보고, 이빈이라는 이름을 보고 정말 연락해올 줄은.

　많은 것이 변했다. 나는 겨우 데뷔는 했으나 예쁘지도 않고 마이너한 그림을 그리는, 아무도 모르는 신인 만화가였다. 제대로 만화를 그려보겠다며 집도 나온 상태였다. 집을 나와 자취를 시작했으니 생활비를 벌기 위해 일단 회사에 취직했다. 전공을 살려 작은 디자인 회사에 취직했다가 월급도 제대로 못 받고 그만뒀다. 나중엔 광고 회사에 들어가서 광고 콘티를 그렸다. 보수가 충분하진 않아서 영화 콘티나 학습 만화 외주를 받아 그리거나 다른 프로 만화가 작품의 배경을 그리는 어시스턴트를 했다. 생활비를 벌기 위해 닥치는 대로 일했다. 그러곤 밤에는 자취방으로 돌아와 나의 만화를 그렸다. 몇 컷 그리지도 못하고 잠들어버리곤 했지만.

그러던 어느 날, 회사에서 돌아와 지하에 있는 내 방으로 내려가려는데 우편함의 편지가 눈에 들어왔다. 무명 만화가인 내게 팬레터 같은 게 올 리가 없었다. '도대체 누구지?' 하며 펼친 편지엔 이렇게 쓰여있었다. '난 네가 반드시 만화가가 될 줄 알았어.' 그 애였다. 내가 가끔 단편을 출간하던 출판사에 연락해 주소를 물어본 모양이었다. 그날 아빠가 돌아가신 이후로 제일 많이 울었다. 그렇게 우리는 다시 만났다. 만화가로 데뷔하면 필명으로 쓰자던 '이빈'이란 이름을 보고 그 애가 나를 찾아냈다.

그 뒤로 우린 가끔씩 연락하며 지낸다. 그 애는 나보다 결혼을 일찍 해서 아이도 일찍 낳았다. 학교에서도 그렇게나 인기가 많았는데 역시 주변에서 가만 놔두지 않는 건가. 하루는 그 애의 딸아이에게 물어봤다. "너희 엄마도 만화 그렸었는데 알고 있어?" 그 애의 딸아이는 나에게 사인을 받던 참이었는데 그 얘기를 듣고는 금시초문이란 듯 눈이 동그래졌다.

"우리 엄마가요? 그런 얘기는 처음 들어요!" 나는 그 애를 보고 웃으며 말했다. "네 엄마가 옛날엔 나보다 훨씬 잘 그렸어. 네 엄마랑 둘이서 매일매일 같이 만화 그렸어. 너무 재미있고 좋았어, 그때…" 지금 그 애는 바리스타 자격증을 따서 동네에서 작은 카페를 운영한다. 요샌 가끔씩 풍경화도 그리더라. 주로 그리는 배경은 우리가 살던 옛날 그 동네이고.

우리 외삼촌은 다빈치

나의 대표작《안녕 자두야》에 나오는 인기 캐릭터 멋쟁이 록커 외삼촌은 실제로 나의 외삼촌이 모델이다. 외삼촌은 어릴 때부터 나의 롤모델이었고, 친구였으며, 우상이었고, 선생님이자 부모였다. 그만큼 나는 외삼촌에게 지대한 영향을 받았다. 태어났을 때부터 부모님과 일가친척들에게 "너는 외삼촌을 닮았다"라는 말을 듣고 자랐다. 까무잡잡한 피부와 깡마른 체격 그리고 지는 걸 싫어하는 악바리

같은 성격. 사실 이 말이 마음에 들진 않았다. 동생들은 엄마나 아빠 닮았다는 말을 듣는데 나는 왜 하필이면 한 촌수 걸러 외삼촌인가. 그것도 엄청 성질 더러워 보이는.

명절에 외가 갈 때나 만나는 외삼촌은 (어린 눈으로 보기엔) 성격이 아주 더러웠다. 우리가 외삼촌 방에서 놀려고 하면 정색을 하며 못 들어가게 했고, 가끔씩 보는 우리를 질색했다. 물론 어른이 된 지금은 외삼촌을 너무나 잘 이해한다. 얼마나 싫었을까? 자기 방에 무단 침입해서 이것저것 만져 어지럽히고 물건을 망가뜨리는 세 명의 어린 조카들이.

우리에게 외삼촌의 방은 《이상한 나라의 앨리스》였다. 놀이공원만큼 신기하고 흥미로운 물건들로 가득 차 있었고 외삼촌이 못 들어가게 하니까 괜히 더 들어가 보고 싶었다. 외삼촌은 뮤지션 지망생이었는데 클래식 같은 고전음악부터 팝, 록, 트로트까지 폭넓은 취향을 가지고 있었다. 외삼촌 방엔 기타와 전자피아노뿐만 아니라 벽 한 면이 엘피판으로 빽빽했고 그 당시 TV에 나오는 부잣집에만 있던 전축도 있었다. 우리는 당연히 그 이상하고 신기한 기계에 매료되었다. 까맣고 동그란 원반을 턴테이블이라는 납작한 네모 판때기에 올리고 기다란 젓가락 같은 막대 끝에 달린 바늘을 그 위에 놓으면 신기하게도 노래가 나왔다. 이렇게 신기한 것은 열 살 인생에서 처음이었다. 그러나 야속하게도 외삼촌은 엘피판 두세 장만 골라 틀어주고는 "이제 끝이다" 하면서 방에서 퇴출시켰다. 다시는 허락 없이 외삼촌 방에 들어오지 말라는 경고를 덧붙이면서.

그다음부터 우리는 외삼촌이 집을 비우기만 호시탐탐 노렸다. 그리고 외삼촌이 드디어 친구들과 약속이 생겨서 외출하자마자 우르르 외삼촌 방으로 몰려갔다. 옛날 한옥이라 문풍지를 바른 미닫이문은 열쇠 잠금장치조차 없었다. 허락 없이 침입한 악동 세 명은 외삼촌 방을 마구 뒤지며(외삼촌, 정말 죄송했

습니다…) 신기한 물건을 써보고(만년필이나 펜 같은 필기도구가 많았다) 엘피판을 모조리 꺼내 이것저것 턴테이블에 올려 틀어보기도 했다.

요즘 SNS에서 사회적 이슈(?)가 되기도 했던 "명절에 조카가 방에 들어와서 게임기와 피규어 세트를 다 망가뜨리고 가져갔어요"의 예전 버전인 것이다. 외출에서 돌아온 외삼촌은 크게 분노했다. 엘피판이란 것이 다루기 힘든 예민한 물건이라 레코드 바늘을 잘못 걸어 스크래치가 나면 음악을 재생할 때 찌지직 하는 노이즈가 생기기도 한다. 당시 전축이며 레코드판이 워낙 귀하고 값비쌌다. 지금으로 따지면 한정판 피규어나 밤새 줄 서서 산 게임기 같은 물건을 망가뜨린 셈이다. 분노로 날뛰는 외삼촌을 가라앉히느라 애쓰던 외할머니와 엄마가 아직도 기억이 난다.

엄마한테 실컷 혼나고 사과하러 들어갔던 외삼촌 방에서 뒤죽박죽된 엘피판을 정리하던 외삼촌의 눈에 이슬이 맺혀있는 것을 보았다. 속상했겠지. 목숨보다 아끼는 전축과 엘피판을 천방지축 조카들이 가지고 놀았으니. 생각해보면 외삼촌과 나는 겨우 열세 살 차이였다. 내가 열 살이었으니까 외삼촌은 스물셋의 어린 청년이었다. 그제야 나는 엄마의 결혼사진이 생각났다. 면사포를 쓴 예뻤던 엄마와 양복을 입은 멋지고 젊은 아빠. 그리고 하객들이 전부 모여서 찍은 단체사진 맨 앞에서 울었는지 눈이 빨개진(흑백사진이었지만 짐작할 수 있었다) 빡빡머리 어린아이였던 외삼촌을. 나는 잘못을 빌었고 외삼촌은 다행히도 너그럽게 용서해주었다. 그 뒤로 우린 둘도 없는 절친이 되었다.

외삼촌에 대한 얘기는 여기서 끝이 아니다. 만화가가 된 나를 친척들은 신기하게 여겼는데, 친지 중에 그림에 재능을 가진 사람이 아무도 없었기 때문이다. 엄마, 아빠는 물론이고 동생들도 그림엔 재능이 전혀 없었다. 그러다 나중에서야 나의 유전자가 어디서 왔는지 알게 되었다. 외할머니가 너희 외삼촌이 지금은 음악에 미쳐있지만 원래는 그림에 재능이 있어 대회 같은 데서 상도 받고 그랬다고 알려주었다. 음악을 더 좋아해서 기타와 피아노를 치느라 그림은 더 이상 안 그리게 되었다고. 또 글씨도 잘 써서 서예대회 상장이나 펜글씨 자격증도 있고 (그래서 펜이나 필기구가 많았던 듯) 못하는 게 없다며 자랑 아닌 자랑을 했다.

외삼촌은 작사 작곡도 잘해서 가요제에 나가 상을 타기도 했고 히트곡도 몇 곡 있다. 나는 그림만 조금 그릴 뿐이라 외삼촌을 전부 닮지는 못했다. 음악 같은 건 전혀 못하니까. 하여간 대단했던 나의 외삼촌, 못하는 게 없었던 외삼촌이다. 어린 나에게 외삼촌은 레오나르도 다빈치 같았다. 음악 취향도 외삼촌 영향을 받아서 록을 일찍 접해서 들었으니. 방학이면 곤충 채집 숙제에 필요한 곤충을 함께 잡아주고 《방학생활》에 나온 어려운 문제도 척척 풀어주던 우리 외삼촌. 외삼촌은 우리 눈높이에서 재미있게 놀아주던 나의 친구이고, 많은 것을 가르쳐준 부모이자 선생님이었다.

장발장

　나의 만화 《안녕 자두야》에 나오는 장성훈이란 캐릭터는 가명이지만 실존 인물이다. 성도 정말 장씨였다. 초등학교 3학년 때 나의 짝꿍이었는데 만화에 나오는 성훈이처럼 얼굴이 작고 하얀, 갈색의 동그란 바가지 모양 단발머리를 한 남자애였다. 머리가 길어서 별명이 '장발장'이었는데 하도 예쁘장하게 생겨서 얼핏 보면 여자애로 착각할 만큼 고왔다. 일단 적어도 나보단 열 배 정도 예뻤다.

나는 작고 삐쩍 마른 데다가 얼굴도 새까맸다. 게다가 엄청 말괄량이였다. 무슨 대회란 대회는 다 참가하고 반에서 안 친한 애가 없었다. 학교가 끝난 뒤에도 산으로 들로 쏘다니며 곤충을 잡고 피구하고 다방구하고 놀았다. 반면 장발장은 내성적이고 얌전한 애였다. 나의 활발한 성격을 무척 부러워해서 나를 쫓아다니며 내가 하는 것은 다 따라 했다. 지금 생각하니 담임 선생님이 일부러 내 옆에 장발장을 앉힌 것 같다. 선생님은 병약하고 예민한 장발장을 엄청 신경 써줬으니까.

장발장과는 체육 시간에 한 번도 같이 뛰어 본 적 없었다. 언제나 햇볕을 피해서 등나무 벤치에 앉아있었다. 하루는 누가 선생님에게 장발장은 왜 우리와 같이 뛰지 않느냐고 물었다. 선생님은 장발장이 심장이 아프다고 했다. 그때 나는 심장이 뭔지 잘 몰랐고 심장이 아픈데 왜 뛰면 안 되는지도 몰랐다. 아무튼 체육 시간만 빼면 장발장은 내 뒤를 졸졸 따라다녔다. 처음엔 그게 너무 싫었다. 마치 내 동생들 같았다. 어린 동생들은 언제나 내 뒤를 쫓아다니며 내가 하는 모든 행동을 따라 했다. 나는 그런 동생들이 귀엽기도 했지만 좀 귀찮았다. 장발장이 그렇게 내 뒤만 졸졸 따라다녔으니 반 애들 모두가 알게 되었고 급기야 우리를 놀리기 시작했다.

　나는 슬슬 귀찮아지기 시작했다. 하지만 또 내칠 수 없었던 게 장발장은 나한테 너무 잘해줬다. 내가 갖고 싶다고 한 건 다 줬다. 사실 그것도 사연이 있었는데, 장발장은 한눈에 봐도 부유한 집 애였다. 애 자체가 부티가 나기도 했고 입고 있는 옷도 잘은 모르지만 우리 엄마가 시장에서 사준 옷과는 달라 보였다. 게다가 나는 걔네 집을 알고 있었다. 모를 수가 없는 게 걔네 집은 학교 바로 앞에 있었다. 커다란 잔디가 깔린 마당이 있는 2층 양옥집이었는데, 마당에 스프링클러와 하얗고 큰 북실북실한 털을 가진 강아지 그리고 분수까지 있었다. 입구도 언제나 열

려있는 우리 집의 썩은 나무 대문과는 달랐다. 커다랗고 높은 철제 대문은 굳건하게 닫혀있었고 대문 옆 기둥에는 벨이 두 개씩이나 있었다. 1층, 2층 따로. 나는 그런 부잣집은 태어나서 처음 보았는데 장발장이 학교가 끝나면 그 집으로 들어갔다. 게다가 걔네 엄마는 매일 학교가 끝나면 걔를 데리러 왔다. 우리 엄마는 비오는 날 우산 갖다주러도 안 오는데 말이다.

그런 부잣집 아이의 책가방과 학용품은 우리 것과 아예 달랐다. 나와는 너무 다른 세계였기 때문에 탐조차 나지 않았다. 장발장은 만화에 나오는 것처럼 조그맣고 귀여운 미키마우스 모형이 들어가있는 엄청 예쁜 파란색 샤프펜슬을 갖고 있었는데 그걸로 내 관심을 끌고 싶었던 모양이다. 그렇지만 나에게도 샤프펜슬이 있었다. 아침에 엄마를 졸라 학교 앞 문방구에 산 백 원짜리(놀랍게도 가격이 아직도 기억난다).

그때도 일반 샤프펜슬은 가격대가 있었다. 천 원 정도였나. 내가 산 것은 아주 얇고 플라스틱으로 된, 한두 번 쓰면 망가질 허접한 싸구려였다. 당시 전국 초등학생들 사이에 샤프펜슬 열풍이 불었는데 학교에선 학생들의 글씨가 늘지 않는다며 샤프펜슬을 금지했다. 그날도 선생님이 샤프펜슬로 필기하는 사람더러 손을 들라고 했고 '어떡하지? 하필 새로 산 첫날에…' 걱정하며 손을 들었다. 그러자 장발장이 비웃으며 말했다. "야, 그런 것도 샤프냐? 불쌍하다, 불쌍해."

오랜 세월이 흘렀지만 얼마나 창피했었는지 그대로 기억이 난다. 너무 창피해서 얼굴은 새빨개지고 눈물이 흐른 것까지도. 장발장은 당황했다. 내 주의를 끌어보려고 미키마우스 샤프를 보여주었는데 나는 웬 싸구려 백 원짜리 샤프나 좋다고 딸깍거리고 있었으니까. 그러다가 그런 심술궂은 말을 했겠지. 내가 눈물을 뚝뚝 흘리자 비아냥거리던 장발장은 어쩔 줄을 모르더니 급기야는 그 미키마우스 샤프를 나에게 줬다. 자존심도 없이 그걸 왜 받았는지. 애니까 자존심 같은 게 있었겠는가. 그리고 학교가 끝나자 늘 장발장을 데리러 오던 걔네 엄마와 함께 자기네 집에 가자고 했다. 나는 항상 놀거리에 목말라 있었으므로 당연히 따라갔고, 걔네 집은 TV 연속극에 나오는 것 같은 부잣집이었다.

장발장은 외동이었는지 집 안에는 오직 그 애를 위한 물건밖에 없었다. 너무 충격적이어서 아직도 기억나는 건 걔 방에 있던 침대와 마루에 있던 텐트였다. 영화 〈기생충〉에도 나오던데 뭔 부잣집에는 텐트가 필수인 건지 쪼끄만 1인용 텐트가 있었고 그 안에는 장난감으로 가득 차 있었다. 걔네 집에서 하루 종일 놀면서 내가 뭐가 예쁘다, 좋다 말만 하면 장발장은 그걸 다 가지라고 줬다.

더 놀란 건 다음 날이었다. 일요일 아침 일찍부터 장발장이 우리 집에 놀자고 찾아온 거였다. 아니,

도대체 우리 집은 어떻게 안 건지…. 아침 댓바람부터 찾아온 친구 때문에 우리 집 식구들은 당연히 놀랐다. 내성적인 성격이라 생각했던 장발장은 우리 집에서 아침밥도 얻어먹고 동생들이랑도 스스럼없이 잘 놀았다. 특히 내 동생들을 얼마나 예뻐하던지 동생들도 성훈이 오빠가 놀러 온다고 하면 너무 좋아했다. 내가 잘 안 놀아줬으니까. 맨날 귀찮다고 도망만 가고.

만화가가 된 것도 장발장 영향이 크다. 장발장은 그림도 아주 잘 그렸다. 특히 만화를 잘 그렸는데 토리야마 아키라의 《닥터 슬럼프》를 아주 똑같이 그렸다. 지금도 장발장의 그림이 기억이 난다. 장발장은 항상 교내 미술대회에서 최우수상을 탔는데, 어느 날 내가 장발장이 그리던 그림을 보며 부러워했더니 그걸 내 그림이랑 바꿔주기도 했다. 그 애의 집에는 만화책이 엄청나게 많이 있었고 그 당시 어린이들의 필독서지만 우리 엄마는 비싸서 안 사주던

〈소년 중앙〉, 〈어깨동무〉, 〈보물섬〉 같은 잡지도 전부 구비되어 있었다. 난 장발장의 집에 놀러 가면 그 책들을 읽는 재미에 푹 빠져있었다.

장발장과는 뚜렷한 추억이 많지만 아쉽게도 그 애랑 어떻게 헤어지게 되었는지는 전혀 기억나지 않는다. 정확하진 않지만 아마 그 애가 전학을 갔던 것 같다. 장발장은 부잣집 아이에다 외동이고 몸도 약해 오냐오냐 커서 버릇이 조금 없었다. 무슨 버릇이 없는 행동을 했던 건지 선생님은 화를 냈는데 그때 그 애의 아픔을 알게 되었다. "너는 큰 병이 있어서 선생님이 오냐오냐하니까!" 하고 꾸중했던 기억이 난다. 또 다른 아이가 장발장은 체육 시간에 왜 편하게 벤치에 앉아있냐고 차별이라며 항의하니 선생님이 장발장에겐 병이 있어서 뛰면 안 된다고 해명했던 적도 있다. 너희도 장발장이 아픈 것을 이해하고 도와줘야 한다고. 자존심이 센 장발장은 그런 것을 무척 싫어했지만 말이다.

장발장은 우리랑 같이 졸업 못 하고 전학을 갔던 것 같다. 동창회에도 나온 적 없고 아이들에게 물어봐도 다들 기억을 못 했다. 다만 내 동생들은 아주 또렷하게 기억했다. 자기네들한테 잘해주던 착하고 예쁜 오빠였으니까. 그 애는 자기가 내 만화의 주인공이 되어 애니메이션에도 나온 걸 알까? 나에게 미키마우스 샤프를 주었던 것도 기억할까?

선생님에게

 누구든 스승의 날에 생각나는 선생님이 있을 것이다. 좋은 선생님이든 그렇지 않은 선생님이든. 나는 양쪽 다 있었다. 제일 먼저 생각나는 선생님은 초등학교 3학년 때 담임 선생님인데 《안녕 자두야》에서 이미자 선생님의 모델이 된 분이다. 성함은 김수자 선생님. 성함이 기억나지 않는 선생님도 많은데 김수자 선생님은 아직도 너무 생생하다. 새로운 학년에 올라가면 보통 자기소개서에 부모님 이름과 나이 같은 걸 적는데(요즘엔 하지 않으려나), 나의 자기소개서를 본 선생님은 "어머, 어머님이랑 나랑 나이가 똑같네? 그럼 너도 지금부터 내 딸이다" 하면서 웃었다. 그 말이 아직도 잊히지 않는다.

선생님은 우리 모두를 공평하게 사랑했다. 그때 나의 짝은 장발장이었는데 부잣집 아이라 오냐오냐 자라서 조금 버릇이 없었다. 한마디로 건방진 구석이 있었는데, 하루는 선생님이 장발장을 호쾌하게 혼냈다. "네가 집에서나 외동이지, 선생님은 학교에 오면 너 말고 아들, 딸들이 육십 명이야." (내가 어릴 때는 한 반에 이렇게나 인원이 많았다. 중고등학교 때는 칠십 명이 넘어갔다) 내가 깜짝 놀란 건 선생님이 장발장을 좀 편애하는 것처럼 보였기 때문이다. 장발장이 인형처럼 예쁜 아이기는 했다. 선생님은 누가 음료수를 갖다주면 장발장한테 먹으라고 줬고(이게 너무너무 부러웠다) 체육 시간에도 장발장은 몸이 약하다며 등나무 벤치 그늘에 앉아있게 했다.

그래서 나는 선생님도 장발장도 좋아했지만 그런 건 좀 편애라며 샘을 내고 있었다. 편애라면 우리 집에서도 남동생이 엄마한테 엄청나게 받고 있어서, 나는 선생님에게 약간 꽁한 기분이었다. 그런데 갑자기 우리 반 똑순이 부반장이 선생님한테 당돌하게 질문을 던졌다. "선생님도 장발장을 편애하잖아요?"라고. 선생님은 심각하게 말했다. "그렇게 보였다면 너희에게 미안한데 나는 너희 모두를 공평하게 내 자식처럼 사랑하고 있단다. 성훈이는 아픈 손가락이라 그 애에게 더 많이 신경 써준 것은 맞아. 성훈이는 피가 모자란 병을(이렇게 말했는데 정확하게 무슨 병인지는 나도 몰랐다) 앓고 있어서 음료수 같은 것이 선물로 들어오면 준 거란다." 장발장은 선생님이 이렇게 말하자 책상에 엎드려 울었다. 얼마나 가슴이 아프고 안쓰럽던지.

  선생님은 그림을 아주 잘 그렸다. 수업 중에 항상 칠판 가득히 그림을 그렸는데, 수업이 끝나고 주

번이 지우는 게 아까울 지경이었다. 나에게 그림 공부를 해 보라고 권한 것도 선생님이었다. 수업 시간에 예쁜 동시를 읽어주던 선생님 덕분에 시인을 꿈꾸기도 했다. 성격이 급하고 덜렁거리던 나는 선생님을 실망시키고 싶지 않아서 준비물도 꼬박꼬박 챙겼고 숙제도 열심히 해갔다. 《안녕 자두야》 에피소드에 나온 것처럼 선생님은 아동 ADHD로 추정되는 당시의 나를 고쳐준 설리번 선생님 같은 분이었다.

그리고 기억나는 다른 한 분의 은사님은 중학교 2학년 때 담임 선생님이다. 여학교의 젊은 남자 선생님이기도 하고, 또 선생님의 과목이 국어여서 인기가 정말 많았다. 이 선생님에게는 수업 시간에 만화를 몰래 그리다가 들켜서 눈에 띄게 되었는데, 그다음부터 나를 요주의 인물로 주시했다. 나는 어릴 때 만화책이든 소설책이든, 심지어 백과사전이라도 가리지 않고 닥치는 대로 읽어대는 책벌레였다. 앞에서 소개한 초등학교 때 선생님 덕분에 동시를 좋아하게 되어 시도 제법 끼적거리고 만화 줄거리나 소설도 많이 썼다. 한마디로 문학소녀 비슷한 거였다. 그러다가 선생님에게 그리던 만화 연습장을 압수당했는데 거기에 내가 끄적이던 시와 소설을 선생님이 본 거였다

　　선생님은 그걸 돌려주면서 가을 시화전에 내보자고 권유했다. 나는 당시 머릿속에 만화만 가득 차 있었다. 시는 취미로만 쓰던 거라 그런 말을 해준 건 선생님이 처음이었다. 그렇게 가을 시화전에 시와 그림을 출품했는데 대상을 받았다. 선생님은 내가 시에 재능이 있다며 대상을 받은 상으로《나의 라임 오렌지 나무》책 한 권을 선물했다. 이걸 읽고 어린 마음에도 얼마나 울었는지. 그 뒤로 계속 선생님은 나를 문학의 길로 이끌려고 많이 노력했다. 소설에나 나올 것 같은 바르고 훌륭한 선생님이었다. 나는 말을 안 듣고 결국 만화가가 되었지만.

사회생활을 하고 작품을 그리느라 선생님을 잊고 살았다. 선생님의 근황을 전해 들은 건 어릴 때 같이 만화를 그리던 단짝한테서였다. 고등학교를 다른 곳으로 갔지만 같은 중학교였던 친구는 워낙 인싸라 동창회장으로도 활약했다. 하루는 그 친구가 너 혹시 그 선생님 근황은 아느냐며 묻더니 모른다고 하자 "배은망덕한 것! 그 선생님이 너를 얼마나 신경 쓰고 예뻐하셨는데"라고 혼을 냈다. 너도 그걸 알았냐고 물었더니 어떻게 모를 수가 있냐고, 너 글 쓰게 해주려고 선생님이 애쓴 걸 누가 모르느냐고 그런다. 정말 나만 몰랐나 보다. 아니, 알았지만 만화가 너무 하고 싶어서.

"그래서 나 만화가 된 건 아셔?" 하고 물었더니 아는 게 다 뭐냐고, 다른 학교로 전근을 갔는데 그 학교 도서관과 학급문고에 다 네 책으로 가득 차 있다고 알려주었다. 선생님이 자비로 몇 질씩이나 들여놓고 꽉꽉 채웠다고 한다. 만화에 대한 인식이 좋을 때도 아니었는데…. 그 얘길 듣고 무릎 꿇고 얼마나 오열했던지. 선생님은 정말로 영원한 선생님이었다. 선생님의 꿈을 이뤄드리지도 못했는데.

물론 폭력적인 선생님도 있었고 교사의 자질에 맞지 않는 선생님도 있었다. 그래도 학창 시절을 생각하면 떠오르는 좋은 선생님들이 내겐 있다. 그 시절의 선생님은 삼십 대…. 지금 나보다도 많이 어린 나이였다. 그런데도 말 안 듣는 어린 꼬마들에게 꿈을 주었고 가고 싶은 길을 가게 해주었다. 그래서 '선생님'이라는 생각을 한다.

언젠가 이러한 사연을 SNS에 올렸는데 어떤 독자분에게 연락이 왔다. 자기 초등학교 때 학급문고에 내 책을 잔뜩 갖다 놓은 선생님이 있었다고 한다. 혹시 나의 동문이 아니었을까 추측하고 있다. 이런 얘길 들으면 정말 만화를 그리길 잘했다는 생각이 든다. 얼마나 마음이 몽실몽실해지는지.

내 동생 커비

 '커비'라는 게임 캐릭터가 있다. 아무거나 집어삼켜 전부 와그작와그작 먹어버리는 특징을 가진 캐릭터. 막냇동생인 애기가 딱 이랬다. 동그랗고 귀여운 얼굴, 통통한 볼, 커다란 머리, 짧고 굵은 팔다리를 가진 이 귀여운 가분수의 생명체는 커비처럼 정말로 아무거나 먹어치웠다. 처음에는 자기 손가락이었다. 항상 자기 손가락을 쪽쪽 빨고 다녀서 가뜩이나 통통한 엄지손가락은 침에 퉁퉁 불어 꼭 하얀색

소시지 같았다. 그러다가 자기 옷을 씹어먹기 시작했다. 옷소매나 멜빵바지의 어깨끈을 이로 자근자근 깨물어 그 즙을 쪽쪽 빨아먹었다. 나나 둘째 동생은 이런 적이 없었기 때문에 엄마는 무척 당황했다. 그래도 거기까진 '아직 어리니까 그럴 수도 있지' 하며 대수롭지 않게 넘겼다.

시간이 좀 지나니 그 영향이 나에게도 미쳤다. 애기가 내 교과서나 동화책, 공책까지 뜯어먹기 시작한 것이다. 애기가 씹어먹은 흔적으로 모서리가 죄다 너덜너덜 뜯어져 성한 것이 없었다. 내가 좋아하던 동화책들도 마찬가지였다. 와중에 안 뜯어먹는 종이가 한 가지 있었는데 아빠가 보는 신문이었다. 아마 신문지에선 석유 냄새가 심하게 나니 안 먹지 않았을까. 그 외의 종이란 종이는 전부 애기의 간식이었다. 엄마는 모든 종이를 애기의 손이 닿지 않는 높은 곳으로 옮겨놓았고 우리에겐 책이나 공책을 방바닥에 함부로 두지 말라고 일렀다.

누워서 뒹굴뒹굴 책 보는 여유 따위 즐길 수 없게 되었다. 선생님은 너덜거리는 교과서가 막냇동생이 뜯어먹어서 그렇다는 사연을 믿어주지 않았다. 혹시 그 시절에 먹을 것이나 간식거리가 없어서 그러지 않았을까 싶겠지만, 삼대독자에다 우리 집의 귀하디 귀한 보물인 막냇동생은 용돈을 매일 백 원씩 받았다(신호등 사탕이 오십 원, 새우깡이 백 원, 짜장면 한 그릇이 오백 원이었다). 게다가 애기는 무엇이든 먹고 싶다고 말만 하면 엄마가 재깍 만들어주었다.

　　옆집 아줌마는 배 속에 기생충이 있어서 그럴 거라는 의견을 내밀었다. 그래서 애기는 물론, 온 가족이 구충제를 복용하며 기생충을 박멸했으나 애기의 기행은 계속되었다. 계속되었을 뿐 아니라 나는 더한 것까지 목격했다. 애기가 뒷마당에서 흙을 파먹는 장면을! 기겁한 나는 엄마에게 달려가 알렸고 엄마는 즉시 애기를 데리고 병원으로 향했다. 왜 좀 더 일찍 병원에 데리고 가지 않았을까 궁금할 수도 있겠다. 동네에 하나 있는 의원마저 자주 가기엔 살림이 여의치 않은 시대였다. 의료보험도 아직 일반화되지 않은 시기였으니 당연히 병원 문턱은 높을 수밖에 없었다. 그러나 큰 결심을 하고 데려갔던 병원에서도 딱히 별다른 진단을 받을 수는 없었다. 그저 애기가 이상한 것(?)을 먹지 않도록 철저히 감시하는 방법밖에 없었다. 애기는 우리의 눈을 피해 계속 이상한 것들을 먹고 다니고 우리는 애기를 쫓아다니며 감시하고… 피곤하고 힘든 나날이었다. 애기가 그 기행을 겨우 멈춘 게 일곱 살이었으니, 약간의 이지와 지능을 갖추게 되는 나이였던 것 같다.

우리는 비로소 안심했다. 애기가 인기 외화 시리즈 〈V〉에 나오는 외계인들처럼 쥐를 잡아먹지는 않아서 그나마 다행이었다. 나중에 우리가 커서 알게 된 애기의 증상은 '이식증(먹을 수 없고 영양가 없는 것을 먹는 섭식장애)'이었다. 언젠가 어렸을 때를 회상하다가 이 이야기가 나왔는데 놀랍게도 막냇동생은 전부 기억하고 있었다. 막냇동생은 종이가 정말 맛있어서 먹었다는 이상한 고백을 했다. 옷을 씹어서 빨아먹는 건 짭짤하고 달콤해서 좋아했으며 종이도 무척 좋아했는데 종이의 종류마다 전부 다른 맛이 났다고 했다(당연하지…). 자기가 제일 좋아한 맛은 공책 겉표지나 박스 같은 마분지였는데 누룽지처럼 구수하다고 했다. 흙은 왜 먹었는지 알 수 없지만 그냥 호기심에 먹어보았을 거라고 했다.

일곱 살쯤 돼서 이지가 생기자 '내가 문명인(은 거기 왜 들어가는지…)으로서 이런 것을 계속 먹으면 안 되겠구나' 생각이 들어 더는 안 먹었다고. 지금도 그 맛이 생각나 먹어보고 싶지만 어른이니까 참고 안 먹는단다. 이제야 어릴 적 애기의 아무거나 먹는 미스터리가 풀렸다.

그런데 나는 이식증하고 무슨 인연이 이리 깊은지 내가 키우는 고양이 중 하나도 자꾸 이상한 걸 먹는다. 막냇동생의 어릴 때와 똑같이 종이를 뜯어먹고 특히 비닐을 좋아하는 이 녀석. 인터넷을 찾아보고 수의사 선생님과 상담을 하니 '고양이 이식증'이라고 한다. 참나, 고양이도 이식증이 있다니! 일단 먹으면 안 되는 것을 전부 감췄다. 관심을 주고 재미있는 놀이로 흥미를 다른 곳에 돌리라니 그렇게 하고는 있다. 애가 귀찮아할 정도로 사랑도 넘치게 주고 있다. 이 녀석도 막냇동생과 비슷하게 호기심이 과하게 많을 뿐인 걸까?

프로야구가 좋아

    1982년 내가 초딩, 아니 국딩 때였다. 쿠데타로 정권을 장악한 군사 정부는 3S(스포츠 Sports, 섹스 Sex, 스크린 Screen) 정책의 하나로 프로야구를 출범시켰다. 독재로 인한 국민의 반발을 딴 곳으로 돌리기 위해서였다. 그 정책은 어찌 생각하면 슬프게도 딱 들어맞아 프로야구의 열기로 온 국민이 뜨겁게 달아올랐다.

    어딜 가나 프로야구 얘기뿐이었다. 아이들은 너도나도 프로야구 구단의 어린이 회원이 되어 좋아하는 구단의 단복을 입고 엄마를 졸라 야구 배트와 공, 글로브를 샀다. 여느 동네의 골목이나 학교 운동장에선 야구를 하는 아이들도 아주 쉽게 볼 수 있었다. 말 그대로 프로야구 광풍이었다. 야구에 관심을 가지는 건 남자애들뿐만이 아니었다. 여자애들도 혜성같이 나타난 키 큰 장발 곱슬머리의 미남 투수인 OB 베어스(현 두산 베어스) 박철순 선수에게 온통 사랑을 쏟아부었다. 우리 집도 예외는 아니었다. 엄마와 여동생 미미(가명)는 박철순 선수에게 홀딱 빠져있었다. OB 베어스의 연고지는 엄마의 고향이기도 해서 엄마가 OB 베어스에 보내는 사랑은 그야말로 엄청났다.

한편 미미는 나중에 연예인에 빠져 다양한 팬클럽 활동을 하게 되는데, 생각해보니 아마 그 시초가 박철순 투수였지 싶다. 처음에 미미는 야구 규칙과 경기 방식도 모르고 오직 박철순 선수만을 열렬히 좋아했다. 계속 박철순 선수의 경기를 챙겨보다가 나중에는 진짜 야구를 좋아하게 됐으니 입덕 동기는

다 달라도 우리 가족 모두 프로야구에 열렬히 빠진 것이다. 아빠는 아빠가 좋아하는 맥주 회사라서, 애기는 그해 연전연승하던 가장 강한 팀이라서 OB 베어스를 좋아했다. 아무튼 우리 식구는 모두 OB 베어스를 응원했는데 나 혼자만 MBC 청룡(현 LG 트윈스)을 응원했다.

어느 일요일이었다. 몇 주 전부터 엄마를 졸라 동생들을 데리고 잠실야구장에 경기를 보러 갔다. 부모님은 그날 아빠가 주말인데도 출근을 해야 하니 다른 날에 같이 가자고 설득했으나, 내가 동생들을 데리고 다녀오겠다고 우겨서 가게 된 것이다. 내가 응원하는 MBC 청룡, 그리고 OB 베어스와 함께 국내 최강인 해태 타이거즈(현 KIA 타이거즈)의 경기! 엄마는 나에게 거금 오천 원을 쥐여주며 흘리지 말고 잘 간수하라고 했다. 물론 돈보다 더 중요한 건 동생들이니 절대로 동생들을 잃어버리지 말라고 당부하였다. 나는 거금 오천 원을 꼬깃꼬깃 접어 지갑에 넣고 그 지갑을 목에 걸어 옷 안쪽으로 넣었다. 정말로 야무지기가 이를 데 없었다. 그리고 양손에 동생들을 한 명씩 꼬옥 붙잡고 우리 동네에서 잠실로 가는 버스를 타고 잠실야구장에 내렸다.

매표소에 푯값을 물어보니 외야석이 천 원으로 제일 쌌다. 표 세 장을 사고 나니 이천 원이 남았다. 외야석은 지정 좌석이 따로 없어서 동생들을 데리고 아무 데나 앉았다. 여름이고 뙤약볕이 내리쬐는 외야석이다 보니 사람이 별로 많지는 않았다. 하드 장수가 목에 하드와 아이스크림을 걸고 돌아다녔다. 애기가 덥다며 아이스크림 먹고 싶다고 떼를 쓰길래 집에 갈 때까지 참으라고 달랬다. 그리고 엄마가 싸준 연보리차를 먹였다. 우리가 앉은 외야석은 너무 멀어서 선수들이 거의 보이지도 않았다. 물론 이쪽으로 날아오는 홈런도 없었다. 내가 응원하는 팀이 이기는지 지는지도 몰랐다. 동생들은 금방 축축 늘어지기 시작했고 이쯤에서 나는 첫째로서 판단을 내렸다. "우리

이만 집에 갈까? 너무 멀어서 잘 보이지도 않고. 집에 가서 시원하게 수박 먹으면서 TV로 보자" 하고 달랬더니 동생들도 힘들었는지 동의했다.

나오는 길에 매점을 지나면서 애기가 "큰누나, 아까 아이스크림 사주겠다고 했잖아" 하고 약속을 들먹였다. 나는 애기한테 이 안에서 사면 비싸니까 경기장 밖으로 나가서 사주겠다고 했다. 또다시 땡볕을 걷고 걸어서 도착한 21번 버스 정류장 근처엔 다행히 구멍가게가 있었다. 동생들에게 홈런바인지 홈런콘인지 뭔지를 하나씩 사줬다. 차비가 모자랄 걸 생각해서 나는 먹지 않았다. 다행히 우리 집은 잠실에서 그다지 멀지는 않아서 금방 버스를 타고 집으로 왔다.

먼지와 땀 얼룩으로 새까매진 얼굴을 닦지도 못하고 더러운 손으로 훼미리 유리병에 있는 차가운 보리차를 꺼냈다. 동생들과 함께 컵에 따르지도 않고 번갈아 가면서 입에 대고 벌컥벌컥 마시고는 그대로 잠에 들었다. 마루에서 잤는지 방에 들어가 잤는지도 모르겠다. 엄마의 일어나서 저녁 먹으란 소리에 눈이 떠졌는데 엄마는 이미 밥상을 들고 방으로 들어오는 중이었다. 평소에 비해 엄청나게 늦은 저녁을 먹으며 9시 뉴스를 봤다.

스포츠 뉴스 타임에 오늘 우리가 갔던 경기가 나왔다. 역시 예상대로 해태 타이거즈가 이겼다. 스코어는 기억이 나지 않는다. 엄마가 재미있었느냐고 물었다. 애기는 평소처럼 과장을 더해 엄청 재미있었다고 떠벌렸고(재미는 무슨, 선수들이 개미만큼 작게 보였구먼…) 미미는 아무 말도 하지 않았다. 아마 까맣게 탄 피부를 걱정하며 야구장에 간 것을 후회하고 있겠지. 난 동생들 신경 쓰느라 경기를 제대로 보지도 못했고, 또 너무 멀어서 잘 보이지도 않았지만 그런 경험만으로 만족했다. 학교 가서 애들한테 잠실야구장 다녀왔다고 자랑할 수 있으니까.

PART 2

그럼에도
사랑하는 건

봄의 전쟁

해마다 봄이면 반복되는 전쟁이었다. 승리자는 항상 같았지만 우리 집이 이사할 때까지 지치지도 않고 전쟁을 반복했다. 어릴 적 ㅁ자 모양 한옥에 살았다. 기와지붕도 있었고, 처마도 있었고, 대들보도 있었다. 환경이 그러니 매년 제비가 집을 지었다. 요즘은 여러 가지 이유(찾아보니 역시 환경오염 탓이 가장 크다. 농촌에서는 농약을 과하게 사용해서 제비의 주식인 곤충이 줄어들고, 도시에서는 다들 아파트에 사니 제비가 집을 지을 만한 환경이 되지 않는다)로 보기가 어려워졌지만. 나는 어릴 때부터 제비를 아주 좋아했다. 《흥부전》 동화책에서 선한 역으로 나와서는 아니었다. 동그란 머리통, 조그만 부리, 맵시 있는 기다란 꼬리가 달린 늘씬한 몸체가 다른 새들과 달리 왠지 멋쟁이 같아서 좋았다. 그래서 봄과 함께 찾아오는 제비가 무척 반가웠다.

엄마의 입장은 나와 달랐다. 엄마는 제비를 정말 싫어했다. 제비가 우리 집 처마에 집을 짓는 걸 끔찍하게 혐오할 정도였다. 학교에서 돌아오는 길이면 엄마가 낮은 우리 집 담장 위로 제비 집을 부수려 기다란 장대를 마구 휘두르는 것이 멀리서도 보일 지경이었다. 엄마가 제비를 싫어하는 이유는 단순했다. 우리 집 처마에 집을 짓고, 알을 낳고, 새끼까지 기르면 일단 시끄럽다. 그리고 마당에 똥을 싸니 지저분하다. 어린 마음에 이해할 수 없는 이유였으나 어찌 보면 당연했다. 언제나 마당 청소는 엄마의 몫이었고, 당시엔 마당에 빨래를 널었으니 새똥이 떨어져서 묻으면 빨래를 다시 해야 했다. 그 시절엔 세탁기도 없었다.

 엄마와 제비는 날이면 날마다 전쟁이었다. 제비가 집을 지으면 엄마가 부수고 제비가 또 집을 지으면 엄마가 또다시 부숴버렸다. 엄마도 엄만데 제비도 대단했다. 우리 엄마를 상대로 이렇게 끈질긴 전쟁을 걸어온 건 제비가 유일했다. 우리 식구들은 아주 작은 반항조차 할 생각도 안 해봤으니까. 엄마는 생활력도 강했지만 무엇보다 뚝심이랄까, 멘탈이 아주 단단했다.

 나는 아침마다 학교 가기 전에 용돈 달라고 떼를 쓰곤 했는데, 엄마는 절대로 넘어가지 않았다. 그러면 나는 용돈을 안 주면 등교하지 않겠다고 협박(?)을 시도했다. 엄마는 우리가 학교에 가지 않는 것을 제일 두려워했기 때문이다. 그렇지만 기 싸움에 백전노장인 엄마를 절대로 이길 수 없었다. 패자인 나는 무거운 신발주머니를 질질 끌고 학교에 가야만 했다. 그나마 우리 집에서 엄마를 상대로 반항이라도 할 수 있는 나마저 이런데 순하디순한 동생들은 감히 꿈도 못 꿨다.

그런데 제비는 달랐다. 어찌 보면 제비라는 동물을 다시 보게 된 계기가 되겠다. 제비는 엄마를 상대로 장기전을 펼친 유일한 강적이었을 뿐만 아니라 전술도 쓸 줄 알았다. 흔히 말하는 그 '새대가리'로 말이다. 사건은 이랬다. 하루는 엄마가 관광버스를 대절해 동네 아줌마들과 꽃구경을 갔다. 밤늦게 돌아왔을 때 그사이 전쟁의 판도가 뒤바뀔 줄 누가 알았겠는가. 제비는 엄마가 부재한 사이 둥지도 짓고 알까지 낳아버렸다. 누가 봐도 엄마의 완벽한 패배였다.

"결국엔 알까지 낳아버렸네! 그래, 내가 졌다. 우리 집에서 예쁜 새끼들 낳아 기르면서 한 철 잘 살고 가거라." 나는 엄마가 관운장처럼 무시무시하게 화낼 줄 알았으나 호탕하게 패배를 인정했다. 깨끗이 패배를 인정한 엄마는 여름 내내 제비들이 새끼를 낳아 아침저녁으로 삐약삐약 지지배배 시끄럽든 마당이 제비 똥으로 더러워지든 더 이상 제비 가족에게 뭐라고 하지 않았다.

엄마는 제비가 떠날 때 "내년에 다시 오너라"라는 말은 하지 않았다. 그다음 해 봄에도, 다음다음 봄에도 제비 부부는 우리 집으로 찾아와 전쟁을 벌이다가 집을 짓고 알을 낳고 새끼를 길러서 가을이면 떠났다. 같은 제비인지 아닌지 확인할 길은 없었으나, 나는 매년 봄에 찾아오는 게 그 제비 부부라고 확신했다. 막강한 우리 엄마를 상대할 수 있는 건 그 기센 제비들밖에 없었다.

그 제비 부부는 우리가 오랫동안 살던 한옥을 떠나 아파트로 이사 갈 때까지 매년 봄이 되면 어김없이 찾아왔다. 이제는 봄이 와도 찾아오지 않는 제비를 떠올리며 어쩌면 엄마가 그 제비 부부를 별로 싫어하지 않았을 거라고 생각한다. 가끔 엄마, 아빠 제비를 따라서 날갯짓 연습을 하는 새끼 제비를 우리 삼 남매 보는 눈으로 보고 있었으니 말이다.

맛있으면 바나나

얼마 전 사과가 금값이라는 뉴스를 보았다. 문득 떠오른 생각은 '우리 어렸을 때는 가장 값싸고 흔한 과일이 사과였는데'였다. 어릴 적 가장 먹고 싶었던 꿈의 과일은 바나나였다. 지금이야 바나나가 흔하고 값싼 과일이지만, 1980년대에는 백화점 지하의 슈퍼마켓 수입 과일 코너에서 망고나 파인애플과 함께 고급 대나무 바구니에 들어앉아 있었다. 투명 비닐에 싸여 알록달록 예쁜 리본을 달고 말이다. 어린 나는 그런 곳을 가보지 못했으니 당연히 실제로 바나나를 본 적은 한 번도 없었다.

어른이 되어 스튜디오 지브리의 〈추억은 방울방울〉이란 애니메이션을 봤을 때 공감을 잊지 못한다. 주인공의 아버지가 월급날에 큰맘 먹고 사 온 파인애플. 가족들은 모두 식탁에 난감한 얼굴로 둘러앉아 그 이질적이고 괴상한 생물체를 어떻게 분해하여 (?) 먹을지 고민한다. 아무도 몰라서 하루 정도 손도 못 대고 그냥 두었다가…. 아버지가 회사에서 먹는 방법을 알아온 뒤 여차저차 힘들게 힘들게 두껍고 울퉁불퉁한 껍질을 벗겨 겨우 손에 넣은 주먹만 한 과육. 그것을 나누어 먹고 뱉은 첫마디는 "이게 무슨 맛이야?"였다.

동화책이나 TV 같은 각종 매체에서 비춰지는 바나나의 이미지는 환상 그 자체였다. 아이들이 자주 부르는 구전동요에까지 나왔으니. "원숭이 엉덩이는 빨개, 빨가면 사과, 사과는 맛있어, 맛있으면 바나나, 바나나는 길어, 길면 기차…" 맛있는 과일의 대명사였지만, 사실 내 주변에 바나나를 진짜로 먹어본 아이는 별로 없었다. 당시 가장 흔하고 싼 과일은 사과였다. 굳이 시장에 있는 과일 가게까지 가지 않아도 집 앞에 사과를 가득 실은 과일 트럭이 와서 대용량으로 팔았다. 아마 가을 농사가 끝나고 과수원에서 밭떼기로 떼어 와서 파는 것이었을 테다. 엄마는 그 트럭에서 사과를 몇 박스씩 샀다. 우리는 그 사과를 겨우내 먹으며 부족한 비타민C를 보충했다.

언제는 사과를 먹으며 "아, 이게 바나나였다면"이라고 아무 생각 없이 말했다. 그랬더니 그 말을 들은 아빠가 "아프리카나 동남아시아에서는 사과 한 개면 바나나 열 개랑 바꿀 수 있는데"라고 대꾸했다. 평소에 장난이나 농담을 잘 치는 아빠가 또 그런다고 생각했다. 말도 안 된다며 '아빤 또 거짓말'이라고 무시하니, 아빠는 진짜니까 못 믿겠으면 내일 니희 담임 선생님한테 물어보라고 자신했다. 기후나 원산지 같은 고급 개념을 아직 장착하지 못한 어린애였으니 그 말을 듣고 기대에 부풀었다. '우리 집에 잔뜩 쌓여있는 저 사과를 가지고 가서 바나나와 바꾼다면…?' 희망 회로를 가열차게 돌리고 있던 나의 꿈은 엄마의 "거기 가는 비행깃값이 더 들겠다"라는 현실적인 한마디에 와장창 깨졌지만 말이다.

그렇게 바나나에 대한 환상만을 키워가던 어느 날 이모가 우리 집에 놀러 왔다. 무려 내가 노래를 부르던 바나나를 사서! 나는 이모와 통화를 할 때마다 "다음에 우리 집 올 때 꼭 바나나 사서 와"라며 부탁하곤 했는데 조카를 예뻐하던 이모가 없는 돈에 그 약속을 지킨 것이었다. 동생들과 나의 손에 노란 껍질의 바나나가 하나씩 주어졌다. 나는 그 자리에서 당장 까먹은 동생들과 달리 아껴두었다가 먹기로 했다. 보존을 위해 냉장고에 고이 넣어두었고 다른 과일들처럼 차갑게 먹으면 더 맛있을 거라고 생각했다. 부모님 역시 바나나를 처음 보았으니 보관 방법에 대해선 몰랐을 것이다. 냉장고에 넣으면 바나나가 시커멓게 변한다는 사실을.

어딘가 시들고 갈색으로 변한 껍질을 벗겨내고 먹었던 바나나는 상상했던 맛이 아니었다. 바나나킥 같은 바나나(사실 바나나의 맛이 아니지만) 과자의 맛을 기대했던 것 같다. 그 바나나 맛 과자처럼 달지도 맛나지도 않은 맛에 실망하곤 두 번 다시 먹지 않겠다고 생각했다. 하지만 뭐, 가격 때문에 그 뒤로 내가 바나나를 먹을 일은 없었다. 그래도 바나나가 맛있는 과일의 대명사인 건 변하지 않았다. 지금은 아무도 맛있는 과일의 대명사로 바나나를 떠올리지는 않는다. 흔하고 싸졌으니까 당연하다. 아마 그 시절 모두가 바나나를 맛있다고(또는 맛있을 거라고) 생각했던 건 쉽게 접할 수 없었던 과일이라서겠지.

"원숭이 엉덩이는 빨개, 빨가면 사과, 사과는 맛있어, 맛있으면 바나나…" 나의 아이에게 엄마가 어렸을 때는 바나나가 비싸고 귀한 과일이었다고 하면

믿지 않는다. 그렇지만 그 구전동요는 아직도 전해져 내려와 나의 아이도 부르고 있다. 맛있으면 바나나라고.

내 인생의 떡볶이

지금은 수십 개의 프랜차이즈가 생겨 배달로도 많이들 사 먹고 한류 음식으로 사랑받는, 치킨과 함께 국민 간식이 된 떡볶이. 내가 어렸을 땐 값싸고 양이 많아서 배고픈 십 대들의 영혼의 단짝, 소울푸드였다. 하나에 십 원인가 했던 것 같다. 백 원을 내면 열 개. 항상 주머니에 백 원 이상은 없었던 나는 달랑 열 개만 먹고는 아쉬워했지만 말이다. 그래서 소원이 '떡볶이를 배가 터지도록 먹는 거'였다(내 소원은 항상 먹는 것에 집중되어 있었고 저렴했다). 삼백 원어치만 먹어도 소원이 없을 것 같았다.

남편은 어렸을 때(라고 하지만 중학교 때) 버스를 타고 등교를 했는데 학교 앞에 엄청나게 맛있는 떡볶이집이 있었다. 그 집 떡볶이에 미쳐서 회수권(학생 버스 승차권, 현금을 내고 버스를 타면 백 원이었지만 회수권은 구십 원에 살 수 있었다. 학교 매점에서도 팔았고 버스 정류장에 있는 토큰 판매대에서 학생증을 제시하면 살 수 있었다)을 내고 떡볶이를 사 먹고는 다섯 정거장 거리를 걸어서 집에 갔다고 한다. 정말로 대단한 떡볶이 사랑이 아닐 수 없다. 그리고 놀라운 건 회수권을 내고 떡볶이를 살 수 있었다는 것!

버스 회수권이나 토큰은 현금성이 있어서 학교 앞 문방구에서도 받아주고 그랬다. 하여튼 남편은 그 집 떡볶이에 미쳐 꼬박꼬박 거기에 회수권을 바쳐 떡볶이를 사 먹고 중학교 내내 걸어 다녔다. 어머님에게 그 사실을 알았느냐고 물어보니 펄쩍 뛴다.

당연히 몰랐겠지. 남편은 고등학교에 진학해서도 그 집 떡볶이 맛을 도저히 잊지 못해 종종 갔었고 심지어 나중에 사회인이 되고도 찾아갔다고 한다. 세상에! 얼마나 맛있었으면…. 이럴 땐 추억 보정이 된 경우가 왕왕 있으므로 내가 물었다. "나중에 다 커서 먹어보니까 별로였지? 다 어릴 때 추억 보정이었지?" 장사가 너무 잘 돼서 강남역 사거리에 빌딩 세워 이사 갔댄다. 정말 맛집이었나 보다. 못 먹어봐서 진정 아쉽다.

우리 학교 앞에도(사실 학교 앞은 아니고 우리 지역에도) 엄청나게 맛있는 떡볶이집이 있었다. 상도동이라 우리 동네에서 중앙대 쪽으로 고개를 하나 넘어가야 했지만 정말 충격적으로 맛있었기 때문에 아직도 그 가게의 상호와 맛이 기억이 난다. 내가 중학교에서 고등학교로 진학할 때쯤 학교 앞 분식 문화에 새로운 유행이 등장했다. 바로 '즉석 떡볶이'였다. 내가 맨날 즐겨 먹던 십 원짜리 떡볶이와는 차원이 다른 맛! 게다가 가격도 양도 만만치가 않아서 언제나 세 명 이상의 팀플은 필수였다. 학교 앞의 즉석 떡볶이는 집밥 같은 맛이었는데 어느 날 친구가 자율학습(이때는 고등학교도 입시가 있었기 때문에 중3도 자율학습을 했다)을 땡땡이치고 데려간 그 가게의 떡볶이 맛은 충격 그 자체였다.

이름도 기억이 난다, '덤불'. 떡볶이집 이름을 왜 이렇게 지었는지는 모르겠지만 상도터널 근처에 있었다. 지금은 중앙대에서 상도동으로 넘어가는 고개가 주거지역이 되어서 빈틈없이 아파트가 들어찼지만 예전에는 산고개였다. 나무와 숲이 우거지니 낮에도 어두워서 여학생들은 그쪽으로 잘 안 다녔다. 그런데 큰길로 가면 엄청나게 돌아서 가야 하니 우리는 그 산고개를 용감하게 넘어 떡볶이를 먹으러 다닌 거였다. 자율학습 지도 선생님의 눈길을 피해서 학교 담장을 넘고 흑석시장을 지나 중앙대 정문을 지나 후문 쪽으로 고개를 넘어서 오직 떡볶이 하나를 먹으려고. 그 누가 십 대 여학생들의 식욕을 말릴 수 있단 말인가. 지도 선생님에게 걸려 엉덩이 '빠따'를 맞을지라도(그 당시엔 자율학습을 땡땡이치면 여학생 남학생 불문 전부 엉덩이 '빠따'였다) 떡볶이가 먼저였다. 비가 와도 갔고 눈이 와도 갔다. 어떤 것도 우리를 막을 수 없었다.

    지금 생각하면 무슨 떡볶이 하나에 그렇게 목숨을 걸었나 싶다. 하지만 그 시절에 우리가 목숨을 걸 만한 것도 없었고(공부에 목숨을 걸 수는 없으니) 그게 유일한 낙이었지 싶다. 떡볶이를 위해 같이 담장을 넘었던 용감한 친구들의 이름은 기억나지 않아도 그 떡볶이집 이름만은 가슴에 남아 지워지지 않으니 말이다. 매일 저녁 도시락을 먹고(이땐 점심과 저녁 도시락을 두 개 싸서 갔다. 자율학습 때문에) 자율학습 종이 울리면 대충 공부하는 척 좀 하다가 일고여덟 시가 되면 아까 먹은 도시락은 이미 소화되어 출출해진다. 그럼 애들끼리 비밀리에 책상 앞뒤로 쪽지가 오갔다.

'덤불 갈래?'

'나 오늘 돈 없어. 문제집 샀어.'

'빌려줄게. 담에 용돈 타면 줘.'

이렇게 용감한 소녀들은 손에 오백 원씩 쥐고 담장을 넘는 것이다. 상도동, 상도터널 쪽에 있던 분식집 덤불을 기억하는 분이 혹시 있을까?

혼분식을 하자

　요즘에야 학교에서 전부 급식을 하지만 내가 학교 다닐 때만 해도 도시락이 필수였다. 아마 나와 또래인 분들은 기억이 날 것이다. 엄마가 책가방에 넣어준 도시락 반찬 국물이 새서 가방은 물론 교과서랑 공책, 필통까지 얼룩덜룩 물들어 일주일 동안 빠지지 않던 냄새(상상이 안 가는 요즘 세대들은 부모님께 물어보길. 추억에 젖어 한참 동안 얘기할 거다). 특히 알뜰한 엄마들은 다 사용한 빈 마요네즈 병에 김치를 담아주었는데(왜 대부분 엄마들이 빈 마요네즈 병에 김치를 담아주었던 걸까 생각해봤는데 보통 반찬통들은 플라스틱이라 김칫국물이 잘 배었다. 마요네즈 병은 유리라 김칫국물이 배지도 않고 밀폐용기라 잘 새지 않을 거라 생각해서 거기에 김치를 싸주지 않았을까) 이게 의외로 김칫국물이 엄청나게 잘 샜다. 그래서 멀쩡한 책가방에 김칫국물이 새서 새빨갛게 물든 걸 보는 일이 흔했다. 잘 사는 집 애들이나 햄 같은 고급 반찬들을 싸 오지 대부분은 마요네즈 병에 담은 김치였다. 그런데 이렇게 형편이 넉넉하지 않아도 다들 밥은 하얀 쌀밥을 싸 왔다. 그리고 이게 문제가 되었다.

그 당시에는 벼 수확량이 적어 자급자족이 어려웠다. 나라에서 쌀이 모자라다고 전 국민에게 대대적으로 혼분식을 장려하며, 쌀에 잡곡을 섞거나 밀가루로 만든 국수 등으로 끼니를 때우자는 캠페인을 펼친 것이다. 지금과 달리 혼식은 쌀이 없을 때 억지로 끼니를 때우는 저급 대체 음식이라는 인식이 강했다. 바로 우리 집이 그랬다. 엄마는 잡곡밥을 무진장 싫어했다. 어렸을 때 보리밥이나 잡곡밥을 너무 물리게 먹어서 '나는 커서 잡곡밥은 절대 먹지 않고 쌀밥만 먹어야지'라고 결심했다고 한다. '뭘 그런 걸 결심까지 하고 그러나?' 어린 날의 나는 의문이었다. 나중에 영화 〈바람과 함께 사라지다〉에서 주인공이 전쟁으로 아무것도 남지 않은 황폐한 밭에서 당근인가 고구마 뿌리를 파내어 씹으며 "나는 앞으로 절대로 나와 내 식구들을 굶게 하지 않겠다"라며 눈물 짓는 장면을 보고 '아, 우리 엄마가 저런 심정이었겠구나' 이해하게 되었다. 엄마도 아주 어렸을 때이긴 하지만 6·25 전쟁을 겪은 세대였으니까. 그래서 우리 집 밥상에는 항상 쌀밥만 올라왔는데 이게 문제가 된 것이다.

나라에서 '혼분식 장려 캠페인'을 대대적으로 벌이면서 아이들이 싸 오는 도시락을 검사하기 시작했다. 혼식 도시락을 제대로 싸 왔나 하고. 참, 나라에서 별짓을 다 한다 싶었는데 도시락을 검사해서 쌀밥이면 벌점을 맞고 선생님에게 혼이 났다. 그런데도 엄마는 계속 쌀밥만 싸주었다. 나랑 사정이 비슷한 애들이 많은지 점심시간 전이면 같은 반 친구들한테 밥에 섞은 콩이나 보리를 빌리느라 난리였다. 그마저도 여의치 않으면 다른 반까지 원정 가서 빌려오느라 학교가 아주 아수라장이었다. 그런데 중요한 건 혼식 비율이 정해져있었다. 잡곡 비율이 낮으면 또 무용지물이니 아주 미칠 노릇이었다. 이 쌀밥 도시락 때문에 벌점은 이미 10점을 넘어 화장실 청소를 몇 번이나 했다. 엄마에게 제발 보리밥이나 잡곡밥을 싸달라고 애원했으나 엄마는 너 혼자만 도시락을 싸 가는데(동생들은 아직 취학 전) 그 도시락 하나 싸자고 맛도 없고 먹기 싫은 잡곡밥을 따로 할 수는 없지 않으냐고 했다.

　엄마는 너무나 단호했다. 나는 더 이상 점심시간에 보리쌀을 빌릴 친구도 없었다. 또 다시 쌀밥 위에 얹을 보리쌀을 꾸러 여기저기 동냥을 다니던 어느 날, 이런 내가 불쌍했는지 한 친구가 보리 몇 알을 꿔주며 묘책을 알려주었다. 그 친구네 집도 쌀밥만 선호하는데 도시락에 잡곡밥을 싸야 하니까 엄마가 보리쌀만 따로 삶아서 밥 위에 얹어준다는 말이었다. 선생님한테 검사를 다 받고 먹을 때는 맛없는 위층의 보리밥을 걷어내고 먹는다나. 그런 묘책이 있었다니! 나는 당장 엄마에게 그 묘책을 전수했고, 다음 날부터는 나도 위 표면만 보리쌀이 덮인 도시락을 싸 갔다. 더 이상 벌점으로 화장실 청소를 안 하게 되었으니 해피엔딩.

　참으로 아이러니하다. 지금은 건강식이며 저속노화를 지향하며 윤기가 흐르는 하얀 쌀밥은 건강의 적으로 매도당하지 않는가. 통곡물이나 까슬까슬한 거친 현미밥을 선호하는 사람이 많아졌다. 우리 어렸을 때는 각종 성인병이며 비만 같은 것을 잘 모르고 살았다. 하루 종일 나가서 지치도록 뛰어놀았으니까. 결국 영양가를 많이 섭취하는 것에 비해 너무 안 움직여서 문제인 셈이다. 뭐든 적당히 먹고 많이 움직이는 것이 좋다. 그리고 그게 힘들다는 것을 나 역시도 잘 알고 있고 말이다.

가장 오래된 기억

당신의 인생에서 가장 오래된 기억이 언제인지. 나는 정확하게 기억난다. 아빠가 나를 목마 태운 채 나무로 된 좁은 선착장을 걸어가는 모습. 아빠의 목 위에 올라앉은지라 몸이 몹시 흔들려서 떨어질까 봐 무서웠다. 나의 흔들거리는 조그만 발밑으로 물결치는 새파란 강물이 보였다. 아빠는 나의 걱정이나 불안 따위는 모른다는 듯 선착장에서 조그만 나룻배 같은 걸 탔다. 나룻배인지 통통배인지는 정확하게 기억이 안 나는데 아무튼 그 배를 타고 내렸다. 강변의 하얀 백사장도 기억이 난다. 그리고 아빠는 계속 걸어 어느 조그만 마당이 있는 집으로 들어갔다. 이것이 내가 떠올릴 수 있는 제일 오래된 기억이다.

이 얘기를 엄마에게 하니 그곳은 우리가 아주 옛날에 살던 곳이고 내가 한 살 때 지금 동네로 이사를 왔다며 놀랐다. 그러니까 그 기억은 내가 만으로 한 살도 되기 전의 기억인 것이다. 나도 엄마의 이야기를 듣고 놀랐다. 앨범 속의 어릴 때 사진을 보고 머릿속에서 가짜 기억을 만든 걸까 생각했지만 내가 어릴 때는 사진 한 번 찍는 것도 무지 비싸서 나에게 돌 사진을 제외하면 제대로 된 유아기 때 사진은 없었다. 온전히 나의 기억인 셈이다.

내가 태어난 곳은 정확하게 광나루 해수욕장이다. 지금의 워커힐 호텔이 있는 자리라고 한다. 옛날에는 서울에도 강변 해수욕장과 나루터가 있었다. 백사장도 있었다. 물론 이건 나 역시 기억에 없고 엄마한테서 들은 이야기이다. 엄마, 아빠는 거기서 신혼생활을 시작했고 나를 낳았다. 아마 집값(이 아니고 방세겠지. 월세부터 시작했을 테니까)이 싸서 거기에 방을 얻지 않았을까? 나의 기억대로 강변에 있는 조그만 마당이 있는 집이라고 했다. 아빠는 첫째 딸인 나를 너무나 예뻐해서 항상 목마를 태우고 나룻배를 오갔다. 그 오래된 기억이 나에게 남아있는 것이다.

    인간은 생각보다 이렇게나 오래전을 기억한다. 남편의 기억은 더 오래된 것이다. 남편은 보행기를 타고 방을 오가던 기억이 난다고 했다. 그 보행기를 타고 졸면서 바라보았던 방바닥 무늬까지 생각난다고. 보행기를 조그만 발로 힘차게 밀며(너무 어려서 '넓다'라는 의미를 알았는지는 모르지만) 넓다고 느꼈다고 했다. 그 기억은 제법 오래 남아서 다섯 살 때쯤 이 좁은 방이 예전(?)엔 그리 넓게 느껴졌다니 하는 생각도 했더란다. 나는 이런 이야기를 무척이나 좋아한다. 너무너무 재미있다. 그리고 인간이라는 생명체가 너무너무 신기하다.

 이건 내 아이의 기억이다. 아이가 어릴 적엔 자기 전 항상 동화책을 읽어주며 둘이서 이런저런 얘기들을 하다가 잠들곤 했다. 와중에 나름 루틴 같은 게 있었다. 아이는 말이 늦어서 다섯 살이 넘어서야 입이 트였다. 그것보다 더 어릴 땐 말을 잘 못 하니 항상 "어!" 하는 소리와 함께 손가락으로 무언가를 가리켰다. 그건 자동차가 될 수도 있었고 친구가 될 수도 있었고 장난감이나 맘마가 될 수도 있었다. 요컨대 저것이 무엇이냐고 물어보거나 그걸 달라고 요구하는 것이었다.

 그날도 아이와 함께 불을 끄고 누워서 창밖을 보며 이런저런 얘기를 하고 있었다. 나는 낮에 아이와 함께 있어주지 못하니 같이 있을 때라도 최대한 말을 많이 하려고 노력했다. 아이는 마주 보이는 건너편 집을 가리키며 "어!" 하고 물었다. 그 집은 마침 누군가가 늦게 귀가를 했는지 조그만 욕실 창에 주황색 불이 켜진 참이었다. 나는 아이에게 이야기를 길게 늘여 들려주었다.

"저 집에 사는 형아는 지금 들어왔나 보네? 들어와서 가방 놓고 씻으러 욕실에 들어간 거야. 밖에 나갔다 오면 욕실에 들어가서 먼저 씻고 옷을 갈아입는 거거든. 그래서 지금 목욕을 하나 봐." 아이는 뭐가 그리 재밌었는지 매일같이 이야기를 들려달라고 졸랐다. 나랑 같이 자려고 누웠을 때 그 집 욕실 창에 불이 들어와 있으면 어김없이 손가락으로 "어!" 하며 가리켰고 나는 매일 똑같은 얘기를 반복했다. 아이가 말을 하게 되자 아이는 제 입으로 내가 했던 말을 똑같이 했다. 그리고 우리는 그 집을 나와 이사했고 아이는 새로 이사한 집에서 자랐다. 당연히 나는 그 일을 까맣게 잊고 살았다.

그러던 어느 날 아이가 초등학교 5학년 때쯤이던가. 뜬금없이 "저 집에 누가 목욕 하나 봐"라고 말했다. 너무 놀라 그게 무슨 말이냐고 물었더니 갑자기 섬광같이 그 기억이 났다는 것이다. 아기 때 엄마랑 누워서 떠들던 그 말이. 그래서 기억이 다 나느냐고 물었더니 전부 기억이 난다고 했다. 나는 너무너무 신기해서 그럼 어릴 때 다른 일도 기억나냐고 물었다. 말은 머릿속에 다 있는데 입으로 나오지 않아서 너무 답답했던 기억까지 다 난단다. 아이는 말을 못 했던 유아 시절 우리 앞집에 사시던 할아버지의 차가 황금색 아토스라는 것도 기억했다.

어릴 때의 기억은 이렇게도 대단하고 신기하다. 나 역시 얼마 되지 않는 나의 유아 시절 사진을 보고 있으면 그때 상황이 선명하게 떠오른다. 마당에서 부모님과 찍은 사진이 있는데, 엄마는 가만있지 못하고 자꾸 꼼지락거리는 내 손을 얌전히 앞으로 모으게 하고 나를 끌어안았다. 그러곤 카메라를 향해 "저기 봐! 저기!" 하며 가리켰다. 또 옛날엔 리어카에 세트장을 설치해서 이 동네 저 동네 다니던 사진사가 있었다. 그 사진사가 오면 엄마는 우리에게 개

중 가장 좋고 예쁜 옷을 입혀 사진을 찍게 했는데 아직 돌도 안 된 막냇동생이 엄청나게 울어대던 바람에 어르고 달래며 힘들게 찍었던 기억도 난다.

나이가 들다 보니 이젠 깜빡깜빡하는 것도 많아 '내가 이걸 했던가? 어디 전화할 일이 있었는데 용건이 뭐였더라?' 아니면 커피를 끓이러 부엌에 왔다가 '내가 부엌에 뭐 하러 왔지?' 이런 일이 다반사다. 냉장고 문을 열고 '내가 왜 냉장고 문을 열었더라?' 이건 이제 일도 아니다. 어디선가 인간의 기억은 구 년 단위로 끊어지며 가장 최근의 기억부터 잊힌다는 글을 보았다. 그래서 치매에 걸리면 최근의 일이나 가족은 기억 못 하고 어린 시절로 돌아가는 것이라고 한다. 너무 슬프다. 나도 나이가 들수록 최근의 일은 자주 잊는데 먼 과거의 기억만은 바로 어제 일처럼 또렷하게 기억하니까.

다섯 살 때 아빠가 출장 가면 "다섯 밤만 자고 빨리 와야 해!" 하면서 손을 흔들던 기억. 엄마한테 혼나고 대문 밖으로 쫓겨났던 기억(이땐 이런 일이 흔했다. 왜 그랬는지…). 어두운 밤, 골목길의 백열등 전봇대 밑에서 친구들이랑 다방구 하던 기억. 엄마가 저녁 먹으러 오라고 부르던 기억(그 당시엔 저녁을 늦게 먹었던 것 같다. 여덟 시쯤? 우리 집만 그랬는지). 추운 겨울날 동네 골목길 처마 밑으로 들리던 "메밀묵~ 찹쌀떡~" 소리도 너무 생생하다.

그런데 왜 최근의 기억은 까마득할까. 특히 코로나 때 일은 하나도 기억이 안 난다. 대체 어떻게 살았는지. 아마 아무것도 안 해서인 것 같지만. 그럼 지금의 일은 또 앞으로의 먼 미래엔 뚜렷이 기억날까? 확신할 순 없지만 그렇지 않을 거다. 어릴 때는 그때의 경험이 아무리 작은 것이라도 하나하나 처음 겪는 강렬한 자극이라 기억에 강하게 새겨져서 먼 훗날에도 기억을 할 수 있는 것 아닐까? 그 뒤로는 더 이상 새로운 경험이 아닐 테니 기억이 나지 않는 것이고.

오늘도 아이와 이야기를 하다 팝이 나왔는데, 아이가 자기가 초등학교 때 처음 들었던 팝이란다. 그걸 기억하느냐고 했더니 엄마는 그럼 기억 안 나느냐고 되묻는다. 아니, 나도 기억이 난다. 내가 초등학교 때 처음 들었던 팝은 딥 퍼플 Deep Purple의 '스모크 온 더 워터 Smoke on the water'였다.

장녀라이팅

디즈니의 〈겨울왕국〉이 대히트 쳤을 때 마침 아이가 어렸던지라 아이와 아이의 친구들, 엄마들과 함께 영화를 관람했다. 소문대로 영화는 무척 재미있었고 아이들은 영화에 나오는 노래를 어느 틈엔가 외워 신나게 불러댔다. 집으로 돌아오는 차 안에서 아이의 친구 엄마가 내게 물었다. "언니는 어느 부분이 가장 좋았어요?" 나는 어느 부분이 좋았는지는 얼른 말하지 못했다. 어쩐지 불편했던 부분만이 떠올랐다.

주인공 엘사가 가졌을 '장녀로서 과도한 책임감'이었다. 나는 본래 조금 엉뚱한 면이 있다. 영화나 드라마를 보거나 책을 읽을 때도 남들이 들여다보지 않는 이상한 부분에 꽂힌다. 그러곤 그 부분을 좋아하거나 탐구하는 성향이 있는데 이번에는 조금 달랐다. 아름다운 아렌델의 풍경이나 아이들이 따라 부르던 배경음악, 예쁘고 귀여운 등장인물보다는 주인공 엘사가 놓였던 환경에 꽂혔다. 부모님이 실종되고 어린 나이에 갑자기 오르게 된 여왕의 자리와 그 막중한 책임감. 철없는 여동생은 아무나와 사랑에 빠져 어린 나이에 당장 결혼하겠다고 난리고 본인은 남들에게 절대로 들키면 안 되는 엄청난 비밀을 가지고 있다. 아, 나는 재미있는 어린이 영화를 그대로 즐기지 못하고 또 이상한데 꽂혀서 감정이입을 하고 난리였다.

아주 어렸음에도 너무너무 듣기 싫고 거북했던 말이 있었다. '맏딸은 살림 밑천'. 아니, 부모가 장사

꾼이어서 자신들이 낳은 자식으로 장사를 하는 것도 아닌데 어떻게 자식을 밑천이라고 부를 수가 있지? 자식 농사가 주식인가? 그럼 요즘 말로 맏딸은 '씨드머니'라는 건가? 우리 부모님 역시 옛날 분들이라 어릴 때부터 그 말을 계속하고 또 했다. 맏딸인 내가 살림 밑천이라고. 그러니까 부모에게 무슨 일이 생기면 네가 부모 역할을 해야 하고 동생들을 책임져야 한다고. 이 말을 너무나 어릴 때부터 들어서 그런지 거의 세뇌된 수준이었다. 말하자면 이것이 '장녀라이팅(장녀에게 가해지는 가스라이팅)'이었던 거다.

지금은 핵가족 시대지만 옛날 부모님들은 아이를 많이 낳았다. 자식의 육아와 교육은 부모보다는 먼저 태어난 맏이의 몫이었다. 나도 그랬다. 밖에 나가서 놀고 싶은 나이에 나보다 다섯 살 어린 남동생을 업고 다녀야 했다. 친구네 집에 놀러 가려고 해도 동생들이 악착같이 따라왔다. 아기 업은 아이는 아무도 놀이에 끼워주지 않았다. 거추장스러우니까.

나는 동생들의 교육도 담당해야 했다. 혼자서 한글을 깨우친 나와 달리 동생들은 학습이 느려 내가 혼내며 한글과 산수를 가르쳤다. 학교에 다녀와서 내 숙제를 해야 하는 것은 물론이고 동생들 숙제까지 봐줘야 했다. 그 애들이 안 한다고 놀러 나가버리면 그걸 또 바보같이 내가 다 했다.

굳이 뭐 하러 그렇게 했지, 싶은데 그땐 나도 어렸다. 또 동생들이 안 하면 내가 혼났으니 어쩔 수가 없었다. 내가 먼저 성인이 되어 사회로 나왔고 빠른 나이(스물한 살이었다)에 만화가가 되어 그 수입으로 동생들의 학비와 용돈을 주기도 했다. 집안에 무슨 우환이 생기면 그게 다 내 책임인 것 같았고 내가 나서서 해결해야 할 것 같았다. 정말로 부모님 대신이라도 된 것 같은 그런 기분이었다.

눈에 비늘이 떨어진 것은 어느 날이었다. "내가 너희들 어렸을 때부터 돌봐줬잖니? 언니가 너희한테…" 이런 얘기들을 했더니 동생들은 정말 아무것도 기억하지 못했다. 나로선 많은 것을 포기하며(예를 들어 친구와 노는 시간) 동생들을 돌봐주고 공부와 숙제를 가르쳤다. 또 내가 사고 싶은 것은 참으며 동생들 용돈을 주었는데, 이런 것들을 은연 중에 당연하게 받아들이고 있었다. 동생들의 잘못은 아니다. 내 잘못이었다. 어릴 때 부모님이 주입했다고 하더라도 성인이 된 이제는 가족과 나를 분리해야 했다. 내 나이 또래의 장녀로 태어난 분들은 아마 충분히 공감될 것이다. 장녀라이팅을 당하고 그것을 당연하게 여기며 자라왔던 이 땅의 장녀들은.

그리고 이제 우리는 알아야 한다. 장녀라는 얼음 성에 갇혀있지 말고 얼음을 깨고 나와야 한다는 사실을. 돌아가신 부모님은 가슴 아프지만 나는 나의 삶을 살아야 한다. 더 이상 성인이 된 '안나'의 부모가 되어주려 애쓰지 말고 그 애를 놓아주어야 한다. 어린이 영화를 보며 혼자 별생각을 다 한다고 씁쓸하게 웃었는데, 나중에 나온 〈겨울왕국 2〉를 보니 어쩌면 시나리오 자가도 나와 같은 생각을 하지 않았을까 싶다. '엘사'들이여, 이제 그만 책임감을 벗으라고.

생일 수박 케이크

엄청나게 큰 수박을 한 통 샀다. 벌써 다음 주면 내 생일이었다. 엄마는 어렸을 때부터 생일이면 항상 수박을 사 왔다. 그땐 케이크보다 수박이 훨씬 싸기도 했고, 내 생일은 7월이라 한창 수박이 제철이어서라고 추측만 한다. 요즘은 수박이 너무 비싸져 웬만한 케이크 가격 저리 가라니, 수박조차 마음 놓고 못 사 먹겠다. 물론 내가 어릴 때도 아주 싼 과일은 아니었을 것이다. 아무래도 덩치가 있으니까. 포도

나 자두, 복숭아 이런 과일에 비해 가격대가 조금 더 있으니 나름 특별한 날 먹는 과일이었던 것도 같다. 그러니까 생일 같은 때에.

　여동생과 나는 생일 파티를 한 번도 해본 적이 없었다. 친구들 생일 파티에 초대되어 가본 적은 있어도 막상 '우리는 왜 생일 파티 안 해주지?'라는 생각은 해본 적이 없었다. 그 생각을 처음 해본 건 막냇동생이 초등학교에 입학했을 때였다. 나는 생일이 7월, 동생들은 둘 다 생일이 8월이다. 그러니까 운 없게도 세 명 다 여름방학이 생일이다. 친구들을 불러서 생일 파티를 해본 적도 친구들에게 생일 축하를 받으면서 선물 같은 것을 받아본 적도 당연히 없었다. 그래서 그게 당연한 줄 알았다.

　애기가 초등학교에 입학하고 엄마는 애기 친구들을 초대해 생일 파티를 열어줬다. 애기가 태어난 뒤 엄마는 한 번도 보여준 적 없는 모습을 여러 번 보여줘 우리를 놀라게 했는데 생일 파티도 그중 하나였다. 나와 여동생의 학교에는 입학식 말고 한 번도 찾아온 적 없는 엄마가(준비물을 잊고 가거나 심지어 도시락을 두고 갈 때도 온 적 없었다) 애기의 반에 찾아가 선생님께 인사를 드리고 꽃을 사서 보냈다. 평소 '치맛바람'이라며 탐탁지 않아 했던 엄마가 그런 모습을 보이자 우리는 놀랐지만 내색하진 않았다. 서운한 감정도 들었지만 표현하지 못했다.

 아무튼 엄마는 우리 집안 역사상 최초로 막냇동생의 친구들을 초대해 생일 파티를 열어주었다. 그 생일 파티에는 우리는 한 번도 받아본 적 없는 생일 케이크도, 새콤달콤 여러 가지 과일을 마요네즈로 버무린 사라다와 달콤한 과자도, 그리고 우리 집에서 제일 큰 냄비에다 엄마가 직접 만든 떡볶이도 있었다. 여동생과 나는 막냇동생 생일 파티가 열리는 동안 방에서 나오지도 못했다. 막냇동생 친구들이 간 후에 정리를 도우면서 남은 케이크와 떡볶이를 먹었다. 그때 당시 케이크는 쇼트닝으로 만든 버

터크림이라 맛도 없고 느끼해서 사실상 애들은 잘 안 먹었지만 우리는 한 번도 받아본 적이 없으니 부러워하며 남은 케이크를 먹었다. 마음속으로 어딘가 섭섭하고 서운했지만 그래도 그 감정이 뭔지는 잘 모르겠어서 입 밖으로 내뱉지 못했다.

    고교 시절 여름이었다. 학교에서 선생님에게 엄청나게 혼이 났던 날이었다. 뭣 때문이었는지 정확하게는 기억이 안 나지만 모의고사 성적인지 전날에 야간 자율학습을 땡땡이쳤다가 걸렸는지 반 친구들 앞에서 교탁 앞으로 불려나가 몹시 모욕을 당하며 혼이 났었다(학생들에게 비인격적인 체벌이 존재했던 시대였다. 사춘기가 한창이었던 나는 심한 모욕을 느꼈던 것 같다). 세상이 끝나는 줄 알았다. 너무너무 서럽고 억울했다. 학교도 선생님도 싫었다. 그래서 에라 모르겠다 될 대로 돼라 하면서 자율학습도 빼먹고 울면서 집으로 왔다. 대문을 끼익 열고 집 마당으로 들어서는데 수돗가의 다라이에 커다란 수박이 물에 담가져있었다. 너무 속상하고 화가 나서 다녀왔다고 인사도 안 하고 들어가려는데 엄마가 장독대 쪽에서 나왔다. 이제 오냐며 "잘 됐구나. 일찍 왔네. 오늘 네 생일이야" 말했다.

우리 집에선 음력 생일을 지냈다. 매년 생일 날짜가 바뀌니 음력을 계산할 줄도 모르고 신경조차 쓰지 않고 살던 나는 오늘이 내 생일인 줄 몰랐다. 매번 생일이 방학이라 방학이 아닌 날짜에 생일이 돌아온 건 처음이었는데 하필 그날이 오늘이었다. 그것마저도 서러웠다. 나는 학교에서 받았던 울분을 터뜨렸다. 생일 따위가 뭐냐며 언젠 내 생일 챙겨줬냐고 엄마에게 대거리를 했다. 그러자 엄마는 언제 네 생일 안 챙겨준 적 있냐며 화를 냈다. 나는 생일 챙겨줬다는 게 고작 수박 한 통이냐고 생일 파티나 생일 선물 한 번 준 적도 없지 않냐며 울부짖었다.

학교에서 있었던 일은 이제 아무것도 아니었다. 그저 엄마에게 서운했던 일들만 생각났다. 엄마는 또 지지 않고 수박이면 됐지 이것도 못 먹는 애들이 쌔고 쌨다며(우리 엄마 십팔번) 화를 냈다. 뭐가 수박이면 됐냐고 막냇동생은 생일 파티도 해주고 친구들도 초대하고 그랬으면서 왜 딸들은 차별하냐고 오래 묵은 얘기를 꺼내 대들었다. 사실 막냇동생의 생일 파티도 그때가 처음이자 마지막이었다. 어린애들 여러 명을 초대하는 것이 얼마나 힘들고 고된 일인지 깨달은 엄마는 다음 해부터는 막냇동생 생일 파티도 해주지 않았다. 그래도 우린 한 번도 안 해봤던 생일 파티를 막냇동생은 해본 것이다.

아마 나는 그게 오래도록 못내 서러웠나보다. 그 서운한 기억은 내 마음에 오래 뭉쳐 있다가 전혀 엉뚱한 곳에서 튀어나왔다. 나는 가방을 마루에 던지고 방으로 들어가 큰 소리로 울었다. 동생들은 무거운 집안 분위기에 눈치를 보며 숨죽였고 그 분위기는 아빠가 퇴근할 때까지 계속되었다. 저녁도 안 먹는다고 하곤 일부러 엄마 들으라는듯 엉엉 울었다.

아빠는 우리 방으로 건너와 생일 다 끝나 가는데 어서 수박이라도 먹자며 달랬다. 수박이 달고 맛있다며 손에 천 원짜리 두 장을 쥐여주며. 나는 히끅 거리면서 못 이기는 척 마루로 나가서 가족들 틈에 끼어 불어터진 입으로 수박을 먹었다. 그것도 추억이 됐을까. 나는 성인이 되어서도 매년 내 생일에는 꼭 수박을 산다. 생일 말고도 언제든지 먹을 수 있는 수박이지만 그래도 생일엔 먹어야만 하는 것 같아서.

태몽

　초등학교 때의 어느 날이었다. 학교를 다녀와서 대문을 열고 들어가니 엄마랑 동네 아줌마들이 마루에서 모처럼 즐거운 시간을 보내고 있었다. 나는 우리가 쓰는 작은방에 가방을 던지곤 손도 씻지 않고 자연스럽게 아줌마들의 환담에 끼어들었다. 과일이랑 간식이 탐났기 때문이었다. 그때 진석이네 엄마가 대뜸 태몽 얘기를 꺼냈다.

"그래서 애기 태몽은 뭐야?"

"아유, 글쎄 시커먼 구렁이가 내 몸을 칭칭 감더니 아가리를 쩌억 하고 벌리더라니까?"

"맞네, 맞네. 아들 꿈이네."

"구렁이는 아들 꿈이라니까. 거기다가 시커멓고 커다란 구렁이는 무조건 아들 꿈이지."

"진석이 엄마는 무슨 꿈을 꿨는데?"

"나는…"

나는 나의 태몽은 어떤 거였을지 궁금해졌다.

"엄마, 그럼 내 태몽은 뭐야?"

내가 이 말을 하자 좌중이 싸늘해졌다. 예의 없는 건방진 꼬마가 어른들 얘기 나누는데 감히 끼어든 것이다. 진석이네 엄마가 말을 이었다.

"우리 진석이는 진짜 그야말로 아들 꿈이지. 집채만 한 떡두꺼비가 우리 집 마당에 나타나서 나를 둘러업더라니까?"

"깔깔깔. 진석이가 두꺼비같이 생기긴 했지."

진석이네 엄마의 말이 대충 끝난 것 같았다. 이번엔 말을 끊은 건 아니겠지 싶어 다시 물었다.

"엄마, 그럼 내 태몽은 뭐냐니까?"

"시끄러워. 어른들 얘기 나누는데 버릇없이 끼어드는 거 아니라고 했지."

"내 태몽이 뭔지 궁금하니까 그랬지. 알려주면 바로 가서 손 씻고 숙제할게."

그러자 엄마가 말했다. "계집애가 태몽이 어딨어?"라고. 그 말이 지금까지도 잊히지 않는다. 너무 충격적이어서. '계집애가 태몽이 어딨어'라니? 그럼 태몽은 아들만 꾼단 말인가? 내가 어렸던 1980년대에는 지독한 남아 선호 사상이 남아있었다. 삼대독자였던 막냇동생이 태어나자마자 그걸 뼈저리게 느꼈기 때문에 새삼스럽진 않았다. 그런데 여자애는 태몽도 없을 줄은 몰랐다.

엄마도 외할머니에게 엄청나게 차별을 받고 자랐다. 나는 어렸지만 눈치가 빠른 아이여서 그걸 모를 수가 없었다. 외할머니 집에 가면 외할머니가 엄마나 이모를 대할 때와 외삼촌을 대할 때의 태도가 천지 차이인 게 눈에 보였다. 외할아버지가 없었기 때문에 뭐든지 크고 맛있는 건 외삼촌 앞에 놓였다. 외삼촌이 뭐라고 툴툴거려도 외할머니는 사랑이 가득한 눈으로 외삼촌을 바라보았다. 그리고 엄마는 그것과 똑같은 눈으로 막냇동생을 보고 있었으니 그걸 모를 리가 없었다.

이해가 가지 않았다. 본인이 그렇게 차별을 받고 자랐으면 자기 자식들한테는 안 그러지 않나? 나라면 그럴 텐데…. 엄마는 외할머니보다 심하진 않지만 아들인 막냇동생을 무한대로 사랑했다. 어릴 때부터 나는 그 이유로 엄마에게 대들며 많이도 싸웠다. 이해가 가지 않았으니까. 내가 더 똑똑하고 공부도 더 잘하고 아무튼 뭐든지 잘하는데 엄마는 왜 막냇동생을 더 사랑할까? 왜 우리는 세뱃돈을 천 원씩 받는데 막냇동생은 오천 원을 받을까? 내가 나이가 제일 많으니까 돈 쓸 곳도 많을 텐데 나에게 제일 많이 줘야 하지 않나? 나이가 든 후에는 엄마에게 그 이유를 대놓고 물어보기도 했다.

"엄마, 엄마는 왜 우리를 차별하고 키웠어?"

엄마의 얼굴이 붉으락푸르락하며 대노한 것은 불 보듯 뻔했다. 우리 엄마는 자신이 불리하거나 잘못한 일이 있으면 오히려 화를 냈다. 나는 굴하지 않고 집요하게 몇 년에 한 번씩 이 질문을 계속했다. 그러자 드디어 엄마는 대답 같은 걸 내놨다. "너도 나중에 시집가서 애 낳아봐라." 결혼을 해서 아이를 낳아보면 나도 알게 되는 걸까? 그럼 나도 엄마처럼 딸과 아들을 차별하게 되는 걸까? 그렇게 차별했던 엄마를 이해하지 못 했으면서? 어쨌든 나는 아이를 하나만 낳았으니 엄마가 말한 걸 영원히 알 수 없게 되었다.

가끔씩 친구들과 만나 이 얘기를 나눈다. 내 친구들도 나와 비슷한 환경에서 자랐다. 나와 같은 의

문을 오래도록 가진 한 친구가 학술적인 견해를 내놨다. '가진 것이 많이 없는 제한적인 환경에서 여러 자식을 키울 때, 내가 더 사랑하는 하나의 아이와 다른 아이들이 정해진다. 그럼 그 다른 아이들은 내가 사랑하는 아이에게 줄 것을 빼앗아가는 적으로 인식이 된다'라는 것이었다. 내가 엄마와 막냇동생의 적이라고?

엄마는 첫째인 나를 늘 자랑스러워했다. 동생들도 잘 돌보고 어른스럽다며 다른 아줌마들에게 항상 자랑했다. 나는 동네에서 공부를 제일 잘하는 아이였다. 다른 아줌마들은 자기 자식들을 통해 내가 학교에서 조회 시간에 단상 앞으로 나가 무슨 상을 받았다는 얘기를 들으면, 그 얘기를 다시 우리 엄마한테 했다. 그럴 때면 평상시 항상 무표정하던 엄마의 기분 좋은 표정이 한눈에 보일 정도였다. 또 엄마는 나에게 많은 투자를 했다. 넉넉하지 않은 우리 집 형편에 학원에 다니며 피아노를 배웠고 속독학원과 주

산학원도 다녔다. 그 시대에 이 정도로 교육에 투자하기란 흔한 것은 아니었다. 게다가 우리 집은 넉넉하지도 못했으니까.

우리 집에는 계몽사에서 나온 백과사전 전집과 금성출판사에서 나온 소년소녀 위인전 전집, 브리태니커 대백과사전도 있었다. 동생들은 책이라곤 한 권도 읽지 않는 애들이었으니까 그 책들은 오직 나를 위한 것이었다. 나의 교육에 오롯이 신경을 쓴 것이다. 나는 나에 대한 엄마의 자부심과 애정을 잘 알고 느끼고 있었다. 그러나 그 애정은 막냇동생과 비교하면 한없이 쪼그라져 작아지는 것이었다.

그 이유가 오랫동안 궁금했는데 친구의 말을 듣고 약간 이해가 갔다. 나만 따로 두고 생각하면 예쁘고 자랑스러운 딸이지만 뻐꾸기 둥지 안의 내 뻐꾸기 새끼랑 같이 있으면 내 새끼가 먹을 걸 빼앗아 먹는 경쟁자인 거다. 그래도 태몽 얘기는 심했다. 나였으면 나를 낳을 때 정말로 태몽을 꾸지 않았다고 하더라도 하얀 거짓말로 "너를 낳을 때 태몽은 이런 거였단다" 꾸며서 얘기했을 거다. 엄마가 돌아가신 지금은 더 이상 물어볼 수가 없다. 나의 태몽은 왜 없는지.

나는 아이를 낳을 때 태몽을 열 개도 넘게 꿨다. 고구마를 캐는 꿈, 보석 반지를 손에 끼는 꿈, 벚꽃 길을 걷는 꿈, 상어 떼한테 물리는 꿈, 새끼 호랑이한테 물리는 꿈…. 나는 태몽이 없지만 내 아이는 태몽이 이렇게나 많다.

그리고 나는 고양이 두 마리를 키우는데 외모도 성격도 정반대다. 언니 고양이는 덩치도 크고 살도 포동포동하고 먹기도 많이 먹고 게으르지만 매우 건강하다. 그런데 의외로 성격이 소심하고 신경질적이다. 동생 고양이는 몸집도 작고 몸무게도 언니의 절반이다. 언제나 발발거리며 우리 집에서 제일 부지런하고 바쁘지만 안타깝게도 몸이 약하다. 음식도 적게 먹고 자주 토한다. 약골이다 보니 자주 아파서 항상 우리 가족을 걱정시킨다.

    나는 정말로 완전히 똑같이 이 아이들을 사랑한다. 언니는 건강하지만 성격이 예민하고 내성적이라 그것이 신경 쓰인다. 동생은 막내라 사랑스럽고 예뻐 죽겠지만 편애하지 않고 언니와 똑같은 사랑을 준다. 간식시간에 간식을 줄 때도 하나가 자고 있으면 깨워서라도 둘이 같이 준다. 한 애는 건강해서 사랑스럽고 한 애는 몸이 약해서 신경이 쓰인다. 둘 다 정말로 똑같은 크기로 사랑한다. 그래서 더욱 이해가 가지 않는다. 사랑하는 마음의 크기가 다르다는 것을. 아이가 여러 명인 친구들에게도 물어봤다. 그들은 아롱이와 다롱이가 달라서 사랑스럽다고 한다. 사랑의 크기는 같다고.

    나의 부모님들은 정말로 환경이 넉넉하지 못해 우리에게 다른 크기의 사랑을 주었던 걸까. 그것은 아닌 것 같다. 남편은 나와는 달리 넉넉한 환경에서 자랐는데 딸이 귀한 집안이라 자기는 찬밥이었다고 한다. 내 눈으로 보기에도 그렇게 보였다. 우리 엄마는 자기에게 없는, 부족한 것에 대한 사랑과 차별이었을까? 외할머니에게 당했던 차별을 막냇동생을 낳으면서 충족했던 걸까? 나에겐 영원히 모를 일이다. 마치 나에겐 없는 태몽처럼 말이다.

PART 3

세상의 모든 자두에게

누룽지 이야기

    우리 집은 조그마한 마당이 있는 단독주택이다. 마당이 앞뒤로 있다 보니 동네 고양이들이 많이 들락거린다. 주로 노란색 줄무늬를 가진 치즈냥들이 많다. 우리 동네에서 일어나는 일들을 거의 다 꿰고 있는 앞집 반장님에 의하면 이 동네 치즈냥들의 조상은 동네 어귀에 있는 치킨집 고양이다. 그 녀석이 대부분 고양이들의 아빠라는데 과연 대장 고양이답게 얼굴이 엄청나게 크고 덩치도 장난 아니다. 나이가 좀 들어 보이긴 하는데 아직도 현역인지 봄만 되면 여기저기서 아기 치즈냥들이 많이 태어난다. 동네 주민들은 거의 그 녀석의 새끼라고 99퍼센트 확신하고 있다.

그중 엄청 예쁘게 생긴 삼색고양이가 있었다. 대부분 붙임성이 좋은 치즈냥들과 다르게 경계심이 많은 녀석이었다. 사회성도 별로 없는지 다른 고양이들과 사이좋게 지내지 못하길래 내가 우리 집 마당에 사료와 물을 놓기 시작했다. 아니, 원래도 우리 집 마당에는 길고양이 급식소가 있긴 했다. 남편도 나도 결혼 전에 고양이를 키웠어서 고양이에게 무척 호의적이다. 밥이나 먹고 가라고 사료를 두고 애들 쉬어가라고 쉼터도 만들었다(사람이 드나드는 입구라 그런지 고양이들이 밥은 먹고 가는데 쉼터에는 들어가지 않았다). 그 삼색이도 밥을 먹으러 왔다가 번번이 다른 고양이들한테 치이고 있었다. 얼핏 보니 배도 살짝 부른 것 같아서 따로 밥을 마련해주었다.

날이 갈수록 배가 불러오는 걸 보니 새끼를 가진 게 맞는 것 같았다. 그러다 11월 말쯤인가 가을이 가고 겨울이 오는 길목이었다. 그 삼색이가 남편의 작업실 환풍기와 창문 사이의 벽 틈에 새끼를 낳아두었다. 삐약삐약 소리가 들리는데 벽 사이라 잘 보이지가 않아서 몇 마리인지 알 수 없었다. 일단 그 틈으로 겨우 물과 사료를 넣어주었다. 며칠이 지나자 삼색이는 밖으로 나와서 밥을 먹었다. 새끼들은 아직도 환풍기와 뒷벽 틈에 있는지 삐약거리며 우는 소리가 났다. 남편은 새끼들을 빼내려고 했으나 반장님이 사람 손을 타면 어미가 안 키우고 버린다며 만지지 말라고 했다.

　　그해 겨울은 눈이 많이 내렸다. 눈이 많이 내린 아침, 마당에 새끼 고양이 한 마리가 죽어있었다. 지붕에서 미끄러져 떨어진 흔적이 보였다. 아마 삼색이가 둥지를 옮기려고 새끼들을 물고 가다가 지붕에서 놓친 것 같았다. 새끼 고양이는 노란색 줄무늬를 가지고 있었다. 여전히 눈을 뜨고 있었고 코와 입에서는 피가 흘렀다. 추위에 꽁꽁 언 몸은 이미 사후경직이 되어 딱딱했다. 도저히 내가 치우지 못하겠어서 남편을 불렀다. 남편은 말없이 헌 옷으로 새끼를 감쌌다. 작업실 환풍기 벽 사이엔 더 이상 소리가 들리지 않았다. 아마 삼색이가 새끼들을 다 옮긴 것 같았다. 삼색이는 늘상 우리 집에 밥을 먹으러 오면서도 마음 한 조각 주지 않고 우리를 경계했다. 반장님은 길에서 사는 아이이니 차라리 그게 낫다고 했다. 나쁜 사람에게 다가갔다가 해코지라도 당하면 안 되니까.

그러던 어느 날, 삼색이를 위해 따로 마련해둔 급식소에 삼색이는 없고 새끼 치즈냥 세 마리가 꼬리를 바르르 떨며 사료를 먹고 있었다. 저건 어른 고양이 사료인데…. 아니, 애들 젖이나 떼었나? 벌써 사료를 먹어도 되나? 그리고 삼색이는 어디 갔지? 왜 애들이 따로 다니지? 반장님은 원래 삼색이는 그던 애(?)라 정이 없고 냉정하단다. 당장 중고 거래 앱에서 사용하지 않은 개집을 하나 샀다. 안팎으로 스티로폼을 씌우고 겉에 비닐을 한 번 더 덮었다. 그 비닐로 문도 달아주었다. 그리고 안에 폭신한 모포도 몇 겹으로 깔았다. 큰 사이즈로 사서 안에다 사료와 물그릇을 넣을 자리도 있었다. 키튼 사료를 새로 사서 넣어주고 모포 밑에 핫팩도 몇 개씩 넣었다.

뒷마당에 개집을 가져다 놓은 그날 밤엔 눈이 엄청나게 왔다. 아침에 일어나 보니 그 주변으로 조그만 발자국들이 찍혀있었다. 조심스럽게 다가가자 그 안에서 새끼 치즈냥들이 푸드덕하고 뛰어나왔다. 다행히도 애들이 내가 만들어준 집을 잘 사용한 모양이었다. 정작 엄마인 삼색이는 애들을 전혀 돌보지 않았지만.

아들이 애들의 이름을 지어주었다. 야 1, 야 2, 야 3. 야옹이 1, 2, 3이란 뜻이겠지만 아무도 그 작명 실력을 뭐라 할 수 없었다. 야 1, 2, 3은 그렇게 우리 집 마당에서 겨울을 보냈고 봄이 되었다. 애들은 청소년 고양이가 되었고 계속 우리 집 마당을 자유롭게 오갔다. 물론 삼색이 새끼들이라 그런지 경계심이 많아 우리에게 가까이 오지 않고 하악거렸다. 그리고 야 3이 죽었다. 내가 겨울을 나라고 만들어준 집에서 눈을 뜨고 뻣뻣하게 굳은 채로 누워있었다. 반장님은 누군가 놓은 쥐약을 먹은 것 같다고 했다. 그 힘든 겨울을 어떻게 살아남았는데…. 남편은 또 다시 헌 옷으로 야 3을 감쌌다.

애들이 더 크자 성별이 보였다. 야 1은 엄청 예쁘게 자랐다. 여자애 같았다. 야 2는 한눈에 봐도 남자애였다. 머리통이 엄청 크고 기골이 장대했다. 이 동네 모든 고양이들의 아버지인 치킨집 고양이와 똑같이 자랐다. 그리고 어느 날 야 2가 없어졌다. 나는 야 2도 쥐약 같은 걸 먹고 죽은 줄 알았다. 그런데 또 어느 날은 야 2가 마당에서 사료를 먹고 야 1이랑 같이 놀기도 했다. 그러다 또 없어졌다. 인터넷을 찾아

보니 어린 고양이들이 성장하면 수컷이 구역을 양보하고 다른 곳을 찾아 떠난단다. 그러니까 우리 집 마당은 이제 야 1의 구역이었다.

늦봄이 지나고 초여름으로 바뀌자 야 1이 발정이 났다. 난 야 1을 삼색이처럼 해마다 새끼를 낳게 하고 싶지 않았다. 중성화를 시켜 집으로 데리고 오기로 마음먹었다. 포획용 틀을 놓고 야 1을 잡았다 (경험이 많은 베테랑 삼색이는 잡히지 않았다). 야 1을 중성화 수술시키고 집 안에 풀어놓자 난리가 났다. 야 1은 온 집 안을 뛰어다니며 다 때려부수고 다녔다. 그리고 열린 창문으로 뛰쳐나갔다. 우리는 결국 포기하고 야 1이 마당 고양이라도 괜찮으니 우리 집에서 살아주길 바랐다. 다행히 야 1은 마당은 자기 구역이라 생각했는지 내내 어딘가 숨어 있다가도 밤이 되면 나와서 밥을 먹었다.

야 1은 '누룽지'라는 이름으로 여전히 우리 집 마당에 살고 있다. 누룽지는 활동 반경이 굉장히 넓어서 동네 뒷산이랑 집 앞의 공원까지 놀러 다닌다. 엄마인 삼색이와는 자매처럼 놀러 다니기도 한다. 겨울에는 남편 작업실 옆의 창고에 쉼터를 만들어주면 거기서 둘이 함께 겨울을 난다. 봄이 되면 뒤도 돌아보지 않고 나간다. 더 이상 창고 안의 쉼터에는 들어오지도 않는다. 다섯 살이 넘은 누룽지는 동네의 인기쟁이다. 알고 보니 자신이 누룽지의 엄마라고 생각하는 집이 세 곳이나 있었다. 그 집들을 돌아다니며 귀여움받고 맛있는 것도 얻어먹으며 다녔더라. 올겨울에는 누룽지에게 이제 그만 집에 들어와 사는 것이 어떠냐고 말해볼 생각이다. 물론 절대적으로 누룽지의 의견을 따를 테지만.

• 《안녕 자두야》의 고양이 '누룽지'는
이 이야기에 나오는 누룽지의 이름을 딴 것이다.

봉숭아 물 첫사랑

다들 손톱에 봉숭아 물들이기를 해봤는지 모르겠다. 내가 어릴 때는 남녀노소 불문하고(물론 할아버지들이나 아버지들은 빼고) 손톱에 봉숭아 꽃 물들이기는 필수였다. 심지어 여름방학 숙제였던 적도 있었다. 어느 과목이었는지 기억나진 않지만 여름방학 숙제로 '손톱에 봉숭아 꽃 물들이기'를 내준 그 시절 감성이라니.

엄마는 봄이면 지난해 거두어 말린 다음 신문지로 꽁꽁 싸서 비닐봉지에 넣어 냉장고 맨 아래 칸에 보관해둔 봉숭아 꽃씨를 화단에 뿌렸다. 아침저녁으로 엄마가 뿌려주는 시원한 물과 쨍쨍 내리쬐는 여름 햇빛을 담뿍 받은 봉숭아는 무럭무럭 자라 6월이면 어느덧 빠알간 꽃을 피운다.

  어느 여름 날, 저녁밥까지 먹고 나면 엄마는 평상에 앉아 낮 동안 대나무 소쿠리 한가득 따두었던 봉숭아 꽃을 이파리까지 섞어 절구에 백반이랑 소금을 넣고 콩콩 빻기 시작했다. 그리곤 방에서 TV를 정신없이 보고 있던(지금처럼 어린이 전문 채널 같은 것도 없어서 재미있는 프로그램도 없었다. 다섯 시 반에서 여섯 시 반 사이에 어린이 만화영화나 어린이 드라마가 있었을 뿐) 우리를 불렀다. "봉숭아 물들일 사람!" 우리는 "저요, 저요!" 하면서 앞다투어 뛰어나왔다. 어제도 오늘도 별다른 재미있는 일이 아무것도 없었던 지루한 시절의 아이들이 이런 재미난 이벤트를 놓칠 리 없었다. 그럼 엄마는 우리 삼 남매를 줄줄이 앉혀놓고 조막만 한 우리의 손에서 그보다 더 조막만 한 우리의 손톱에 곱게 빻아놓은 봉숭아 꽃 다진 것을 올려놓고 비닐을 씌워 목면 실로 꽁꽁 묶어주었다.

하룻밤 자고 다음 날 아침이면 손톱에 주홍색 봉숭아 물이 들어있는데 나같이 잠버릇 험한 애한테는 나름 미션 임파서블이었다. 오늘 밤만은 얌전하게 자겠다고 천장을 보고 누워 두 손을 배 위에 놓고 깍지까지 끼고 자기도 했다. 그러나 다음 날 일어나보면 전날 밤의 결심과 노력이 허무하게도 엄마가 손톱에 칭칭 매어줬던 봉숭아 물은 손가락에서 탈출해 여기저기 빠져 이불 위에 널브러져 내 손톱을 물들여야 할 봉숭아 물은 이불을 얼룩덜룩하게 물들여놓곤 했다.

그럼 엄마한테 한참 잔소리를 듣고 오늘 밤 다시 재도전을 시도한다. 엄마한테 이번엔 절대로 빠지지 않게 실 말고 노란 고무줄로 꽁꽁 묶어달라고 강조했다. 피가 잘 통하지 않아 손가락이 저릿저릿했시만 그깟 봉숭아 물이 뭐라고 어린 마음에 꾹 참고 하룻밤을 무사히 보냈다. 다음 날 아침 다행히 열 손가락에 다 붙어있는 봉숭아 물! 떨리는 마음으로 조심히 풀어보니 먼저 눈에 들어오는 건 쭈글쭈글 불어터진 손가락. 그건 그렇다 치는데 내 손톱은 동생들처럼 새빨갛게 주홍색으로 물들지 않고 김칫국물에 넣었다 뺀 것처럼 물 빠진 주황색으로 물들어 있었다.

    또다시 좌절했다. 동생들처럼 살짝 곱슬거리는 노란 갈색 머리, 희고 복숭아 같은 피부, 커다랗고 쌍꺼풀진 갈색 눈은 아니라고 쳐도 손톱까지 나를 차별한단 말인가? 악에 받쳐서 엄마를 졸라 두 번 세 번 연달아 봉숭아 물을 들여도 동생들 같은 예쁜 색은 나오지 않았다. 지금에야 그 이유를 알 것만 같은데 동생들은 일단 손톱이 얇고 원래 색깔 자체가 분홍색이었다. 그런 체질인 것이다. 나는 굵고 새까맣고 뻣뻣한 직모를 가져서, 교내 머리카락 싸움에서 져본 역사가 없다. 손톱 역시 매우 두꺼웠다. 이런 두꺼운 손톱은 봉숭아 물이 쉽게 들지도 않고 색도 예쁘게 나오지 않는다(엄마가 나를 가졌을 때 칼슘을 많이 먹었나보다). 그래도 나는 좀처럼 좌절하지 않았다. 일단 봉숭아 물을 들였으니 첫눈이 올 때까지 지켜야 했다.

첫눈이 올 때까지 손톱에 봉숭아 물이 남아있으면 첫사랑이 이루어진다는 속설이 있었다. 아직 첫사랑 같은 것도 없으면서. 학교에 가면 선생님은 물론이고 남자애들까지 봉숭아 물을 들인 애가 많았다. 아주 봉숭아 물의 민족이다. 우리 봉숭아 물 민족이 손톱에 봉숭아 물을 들이기 시작한 것은 고려 시대부터란다(역시!). 처음엔 귀신이나 나쁜 기운을 쫓아내는 주술적인 목적으로 시작해서(역시 무속의 나라!) 나중에는 미용 목적으로도 하기 시작한 모양이다.

첫눈이 다른 해보다 빨리 내렸던 11월 말의 어느 날. 손톱에 봉숭아 물이 남아있던 애는《안녕 자두야》이윤석의 실제 모델이 된 우리 반 반장이었다. 이윤석(가명)은 그 봉숭아 물을 지키기 위해 봉숭아 물이 남아있던 새끼손톱을 길게 기르고 다녀 우리의 빈축을 사기도 했다. 이제 소원을 이뤘으니 그 보기 싫은 손톱 좀 빨리 깎아버리라는 우리에게 좋다고 헤헤거리며 웃던 이윤석은 첫사랑이 이루어졌을까?

  여름이 오면 엄마랑 동생들과 마루에 모여앉아 봉숭아 물을 들이곤 했던 추억이 떠오른다. 괜히 추억에 젖어 올해는 오랜만에 봉숭아 물이나 들여볼까 생각하다가 '그런데 봉숭아 꽃을 어디서 구하지?' 싶어 인터넷을 찾아보았다. 맙소사! 봉숭아 꽃 물들이기 키트를 온라인 마켓에서 판다니. 참으로 편리한 세상이다.

미역국 먹방

 어릴 때는 먹는 음식보다 안 먹는 음식이 더 많았다. 음식을 많이 가린다고 아빠는 나를 '국제 얌체'라는 별명으로 불렀다. 아마 그 시대에 유행하는 별명이었을 거다. 붉은색 육류와 가금류, 각종 생선, 우유 그리고 여러 가지 말도 안 되는 이유로 많은 음식을 편식했다(천벌을 받아서인지 동생들보다 키가 작고 초등학교 입학 때 내 몸무게는 고작 15킬로그램이었다). 멸치는 조그마한 주제에 눈코입이 전부 달려있어서 안 먹었고(눈도 좋다. 그게 다 보인다니), 계란말이와 김은 둘 다 먹는데 계란말이에 김을 넣으면 안 먹었다(이 시대의 유행 요리였는지 엄마가 도시락 반찬에 넣어주시던 계란말이에 꼭 김이 같이 말려있었다). 다른 초등학생들처럼 콩은 당연히 안 먹었고, 미역은 미끌미끌하고 식감이 이상해서 안 먹었다. 특히 미역국은 진짜 너무너무 싫었다.

어느 날 어떤 이유로 불호 음식이 극호로 변하는 경험이 있지 않은가? 나에겐 그게 미역국이었다. 그 뒤로 몇몇 음식들이 못 먹는 음식에서 잘 먹게 된 음식으로 분류가 바뀌었지만, 미역국은 오랜 세월이 지난 지금도 강렬하게 생각나는 에피소드가 있다.

타고난 인싸였던 나는 초등학교를 입학하면서 세상이 한 번 더 바뀌었다. 그동안은 동네 친구들이랑만 놀았지만 이젠 학교 친구들이 전부 나의 친구였다. 학교가 끝나고 친구들과 운동장에 모여서 놀거나 그 친구들 집에 놀러 가는 것이 나의 새로운 즐거움이었다. 그런데 한 가지 난관이 생겼다. 이 시대의 어머니들은 다들 인심이 좋아서 친구네 집에서 재미있게 놀다가 끼니 때가 되면 꼭 밥을 먹고 가라고 권했다.

초등학교 저학년은 보통 열두 시쯤 학교가 끝나니 친구네 가서 놀다 보면 금방 점심 먹을 때가 된다. 이 순간이 정말 싫었다. 편식쟁이니까. 아무리 변죽 좋은 나라도 우리 식구가 아닌 남의 집 밥상에서까지 음식을 골라내며 편식할 수는 없는 일이었다. 그래서 남의 집에 가서 밥을 먹을 때 안 먹는(못 먹는) 음식이 나오면 그냥 씹지 않고 삼켰다. 아니면 엄마가 친구네 가서 밥 먹고 오지 말랬다고 핑계를 대며 집에 가서 먹고 오거나 하는 식이었다.

어느 날 나랑 별로 친하지 않은 친구가 방과 후에 자기네 집에서 놀자고 꼬셨다. 예쁜 인형도 보여주겠다며 자랑을 하더라. 그 친구는 나랑 무리가 달라서 반에서는 한 번도 같이 논 적 없는 친구였다. 나는 키가 작아서 맨 앞줄, 그 친구는 우리 반에서 제일 키가 큰 친구였다. 서로 노는 그룹이 전혀 다를 수밖에 없었다. 갑자기 왜 그 친구가 자기네 집에 놀러 가자고 했는지는 모르겠다. 별로 친하지도 않았는데. 아무튼 학교가 끝나고 그 친구를 따라 쫄래쫄래 친구네 집으로 갔다. 친구네 집은 우리 집보다 훨씬 윗동네였다. 옛날이다 보니 서울이지만 친구 동네에 우물이 있던 기억이 난다. 그 우물을 지나 나무 문을 끼익 열고 친구네 집으로 들어갔다. 친구가 부모님은 일 나가고 집에는 자기랑 언니밖에 없는데 언니는 고학년이라 늦게 끝난다고 했다. 그리고 손을 씻고 세수를 하더니 자기 밥 먹을 동안 잠깐 앉아서 기다리라고 했다.

밥 먹을 동안 앉아서 구경하라고? 친구는 부엌으로 가서 밥상을 차리더니 조그만 상에 내왔다. 그리고 나를 앉혀놓고 혼자 밥을 먹기 시작했다. 벌써 몇십 년이나 지났지만 그날 당황스럽고 황당했던 기분은 지금도 생생하다. 아니, 어차피 같이 먹자고 해도 안 먹었을 것이다. 메뉴도 내가 절대로 먹지 않는 미역국 하나에다 반찬은 김치 한 가지뿐이었다. 친구는 그 단출한 반찬으로 어찌나 밥을 맛깔나게 먹던지 입에서 침이 줄줄 흐를 지경이었다. 미역국을 데워 찬밥을 말더니 김치를 쭉 찢어 얹은 다음 커다란 숟가락으로 한입 가득 퍼먹었다. 나중엔 아예 사발 채로 들고 후룩후룩 마셨다.

 나는 평소 입이 짧아 끼니를 거르기 일쑤였다. 그런데 그때는 내 앞에 미역국과 김치만 있다면 냉면 그릇에 밥을 말아 다 먹을 수 있을 것만 같았다. 식사를 다 마친 친구는 "이제 놀자." 하고 인형을 꺼내 왔다. 당연히 그때 이미 내 머릿속엔 인형 놀이 같은 건 없었다. 미역국에 밥 말아서 김치 얹어서…. 친구랑 대충대충 놀다가 엄마가 빨리 오랬다고 핑계를 대며 일어나 집으로 날아왔다. 그리고 외쳤다. "엄마! 미역국!" 엄마는 아마 얘가 미쳤나? 싶었을 것이다.

그때 엄마가 끓여준 미역국이 어떤 맛이었는지 얼마나 맛있게 먹었는지는 흐릿하다. 오직 친구가 미역국에 밥 말아서 먹던 그 기억만 뚜렷하게 날 뿐이다. 그 이후로 내가 미역국을 잘 먹게 되었음은 물론이고. 아마 '먹방'을 본 효과가 아니었을까? 그 친구는 내 앞에서 최초의 먹방을 했고 난 그 음식에 대한 편식을 고치고 잘 먹게 되었다.

　　미역국은 그 이후로도 잊을 만하면 먹방을 통해 자신의 존재를 일깨워주었다. 제왕절개로 아이를 낳고 마취에서 깨어나 정신이 들 때쯤 어디선가 강렬하게 미역국 냄새가 났다. 고개를 돌리니 내 옆 침대 산모분이 식사를 하고 있었다. 산모니까 당연히 메뉴는 미역국. 나이도 체면도 잊고 어린 시절 그때처럼 침이 줄줄 흘렀다. 남편에게 "나는? 나는 왜 밥 안 줘? 빨리 가서 난 밥 언제 주냐고 물어보고 와" 하고 시켰다. 남편은 난감한 얼굴로 "자기는 제왕절개를 해서 3일 동안 금식이래"라고 했다.

나는 그 어릴 적만큼 미역국이 먹고 싶어질 수는 없을 거라 생각했다. 금식하는 사흘 동안 미역국만 생각했다. 옆자리 산모가 얼마나 부럽던지, 얼마나 맛있게 먹던지…. 한 달 넘게 산후조리하면서 끼니마다 미역국을 먹었지만 한 번도 미역국이 질리지 않았다.

지금도 미역국은 내게 소울푸드다. 가끔 입맛이 없을 때나 어딘가 기운이 없으면 귀신같이 미역국이 생각난다. 어릴 적 내 친구는 자기가 기억도 나지 않는 어떤 친구에게 이렇게 커다란 영향력을 끼쳤다는 것을 알까. 그 친구 이름도 얼굴도 기억나지 않지만 미역국에 밥을 말아 맛있게 먹던 모습이 아직도 생생하다. 생각난 김에 오늘 저녁엔 미역국을 끓여야겠다.

채식주의자

나는 선천적으로 비건이다. 선택적 비건이 아니라 원래 이렇게 태어난 채식가이다. 무슨 신념에 따른 것이 아니다. 기억은 아주 어릴 때로 거슬러 올라간다. 부모님은 나를 회유하여 고기를 먹이기 위해 갖은 방법을 다 썼다. 만두에 각종 채소를 다져 그 속에 아주 소량의 고기를 숨겨서 먹이고, 이것은 고기가 아니라고 속여서 먹이고, 또 어린애니까 용돈을 주거나 원하는 것을 들어주겠다는 식으로 회유하기도 했다. 요컨대 오만가지 방법을 다 써본 것이다. 나에게 고기를 먹이기 위해서.

물론 그 시도는 전부 실패로 돌아갔다. 나는 고기가 싫어서 안 먹는 게 아니다. '고기의 맛'이 싫다. 느끼하고 역겨워서(고기 좋아하는 분들 대단히 죄송합니다…) 먹지 못하는 것이다. 아주 소량이라도 고기가 들어간 음식은 귀신같이 골라내고, 고기로 육수를 낸 음식도 절대 먹지 않았다. 그 음식에서도 당연히 고기 맛이 나기 때문이었다. 선천적으로 육류의 감칠맛을 느끼지 못해 역겹다고 생각하는 사람이 있다고 한다. 그게 바로 나다. 나는 고기의 감칠맛을 느끼지 못해서 그 맛이 느끼하고 역겹다. 누구나 가끔 고기의 누린내를 맡을 때가 있지 않은가. 나는 그것이 엄청나게 크게 극대화되어 느낀다면 이해가 되려나. 그러니까 한마디로 매우 예민한 미각을 가졌다.

나는 미식가는 전혀 아니다. 이것은 미식가의 미각과는 완전히 다른 문제다. 물론 나도 맛있다고 느끼는 음식은 있지만, 미식을 추구하지는 않는다. 오히려 둔한 편이라 살짝 상하기 시작한 음식이나 남들은 맛없다고 하는 음식도 잘만 먹는다. 오직! 육류만 먹지 못할 뿐이다. 붉은색 육류는 물론이고 가금류나 생선도 못 먹는데 나름 해산물은 꽤 먹는다. 무슨 차이가 있냐면… 그냥 먹는 것과 못 먹는 것이 있을 뿐이다. 고기는 느끼하고 생선은 비린 맛이 느껴진다. 아, 우유도 못 먹는다. 소화가 안 돼서 배탈이 나거나 배가 부글부글 끓는다. 그런데 또 요거트나 치즈 같은 유제품은 괜찮다.

　이젠 나도 커서 성인이 되었다. 내가 어쩌다 이런 입맛을 갖게 됐는지 나름 여러 가지 공부를 했다. 유당불내증을 가져서 유당을 소화하지 못해 우유를 못 마시는 것이고 육류의 감칠맛을 느끼지 못하는 유전자를 가졌기 때문에 고기가 맛있지 않다는 것을 안다. 이렇게 자라 성인이 되기까지 말 없는 폭력에 무수히 시달렸다. 절대로 어디 가서 채식자라는 것을 밝히지 않는다. 까다로운 사람처럼 보일까 봐 그렇기도 하고 식사 자리에서 채식자라는 것을 밝히면 꼭 그런 사람들이 있다. 나에게 억지로 고기를 먹이려는 사람들이.

아주 오래되었다. 어릴 적 나에게 고기를 먹이려고 노력했던 부모님부터 시작해서…. 오히려 성인이 되고 만난 사람들이 더 심하다. 내가 고기를 못 먹는다고 하면 "아냐, 여태까지 진짜 맛있는 고기를 못 먹어봐서 그래. 내가 잘 아는 고깃집에 데려가면 혼자 2~3인분 거뜬히 먹을걸?" 하고 그곳에 데려가 자신이 먹는 방식을 억지로 권한다. 요리를 잘하는 지인들은 "맛있게 요리한 고기를 못 먹어봐서 그래. 혹시 엄마가 요리를 못했던 것 아니야(맞는 얘기지만 대단히 무례하다!)? 내가 한 거 먹어보면 완전히 생각이 달라질 거야" 하면서 나의 입에 냄새 맡기도 싫은 고기를 억지로 쑤셔 넣는다. 거짓말이 아니다. 나는 살면서 이런 일들을 숱하게 당했다.

이것은 폭력이다. 어릴 때는 울고 싶을 만큼 싫었고 커서는 도망가고 싶었다. 도대체 사람들은 싫다는데 왜 억지로 권하고 억지로 먹게 하고 먹는 걸 보고 싶어 하는지 그 심리를 이해할 수가 없다. 나는 육류 알레르기가 있는 건 아니어서 죽지는 않겠지만 알레르기가 있는 사람에게 이렇게 강권하면 정말 죽을 수도 있는 폭력의 일종이다.

이제는 "저는 고기를 못 먹어서요"라는 말은 절대 하지 않고 그냥 샐러드나 밑반찬을 먹는다. 그런 걸 먹어도 충분히 배가 찬다. 사람들은 의외로 타인에게 관심이 없다. 굳이 말하지 않으면 내가 뭘 먹는지 먹지 않는지 전혀 모른다. 괜히 "저는 강경 채식주의자입니다"라고 떠들어서 억지로 입에 고기가 쑤셔넣어지는 경험은 피하고 싶다.

이런 적도 있다. 어떤 분이 나에게 "○○ 씨는 고기를 안 드시잖아요? 그럼 그때 회식 자리에서 뭘 드셨어요? 고깃집에서 만났다면서요" 하고 물으니까 그날 내 바로 앞자리에 앉아있던 분이 새삼스럽게 놀라며 "네? 고기를 못 드신다고요? 아니에요. 그날 엄청나게 맛있게 잘 드시던데"라고 부정했다. 그 사람은 내가 고기를 먹든 안 먹든 관심도 없었던 걸 텐데 도대체 뭘 본 거지? 또 자신이 잘못 본 걸 가지고 우긴다.

오늘도 단체 회식이나 술자리에 가면 괜히 "아, 저는 고기를 못 먹어서요"라는 잘못된 관심을 끌 만한 발언은 하지 않고 조용히 따라간다. 이것이 우리나라에서 채식주의자인 내가 살아가는 방법이다. 아니, 나와 고깃집에 가는 사람은 오히려 이득 아닌가. 고기는 하나도 먹지 않고 계산할 때 한 사람 몫을 내는데?

얼지마 죽지마 부활할 거야

예전부터 음악을 정말 많이 듣는다. 다른 점이라면 온라인으로 음원을 편하게 듣는 지금과 달리 조금 힘들게 구했다는 점? 우리나라에 정식 발매되지 않은 음반은 전부 원판(오리지널 음반)으로 구해야 했는데 아무 데서나 팔지 않았다. 매번 원판을 판매하는 곳을 찾아 먼 걸음을 해야 했다. 그렇게 힘들게 구해서인지 몰라도 또 듣는 맛이 각별했다. 이렇게 구한 음반(주로 CD로 모았다)은 CD의 세대가 저물어도 애틋한 마음에 차마 버리지 못하고 전부 소장하고 있었다. CD 플레이어를 예전처럼 쉽게 구하기도 어려워 문득 옛 생각이 나 듣고 싶어도 들을 수가 없어 아쉽기도 했다.

    그런데 유행이 복고로 돌아갔다. '레트로'가 새로운 키워드가 되면서 우리가 힙스터였던 1990년대 말에서 2000년 대 초 세기말 감성이 인기 아이템으로 떠올랐다. 우리가 교복처럼 입고 다녔던 힙합 바지가 와이드 팬츠라는 이름으로 유행하고 벙거지 모자, 잔스포츠 가방, 맥가이버 머리(이건 정말 아는 분들만 알 텐데 일명 꽁지머리라고 남자들이 귀 뒤의 머리만 길게 기르는 머리 모양이다)에 헤드폰, 그리고 CD 플레이어가 다시금 부활했다. 드디어 나의 소장 CD들을 들을 수 있게 된 거다. 미국에서는 카세트테이프까지 유행이 돌아 카세트테이프 공장도 다시 돌아간단다. 그다지 오래 살진 않았지만 하여튼 세상 오래 살고 볼 일이다.

나보다 윗세대들이 전축이나 엘피판에 향수를 느끼듯이, 역시 1980년대 키즈들은 일명 '워크맨 세대' 아니겠는가. 워크맨은 휴대용 카세트테이프 플레이어를 말하는데 일본 소니의 초히트 상품이다. 정식 명칭은 카세트테이프 플레이어지만 '호치키스'나 '스카치테이프'처럼 상표가 고유명사화되어 우리는 그냥 '워크맨'이나 '마이마이'라고 불렀다. 그 당시 유행하던 팝이나 가요, 심지어 영어 교재나 국어 교재까지 전부 다 섭렵하려면 1980년대 키즈에게 워크맨과 마이마이는 없어선 안 될 필수품이었다.

엄마 몰래 안 자고 이불 속에 숨어서 애청하던 〈밤의 디스크 쇼〉나 〈별이 빛나는 밤〉 같은 라디오 음악 프로그램을 녹음했다. 그렇게 만든 나만의 셀프 메이드 카세트테이프 앨범을 워크맨으로 듣고 또 듣는 것이다. 내가 좋아하는 곡을 숨죽이며 녹음하다가, 끝나기도 전에 좋은 밤 보내라는 DJ의 멘트가 나올 때가 있었다. 그러면 "으악!" 하고 괴성을 지르며 열심히 녹음하던 버튼을 꺼야만 했다. 곡만 녹음해야 하는데 DJ의 목소리가 들어갔으니. 그리고 그 곡이 나올 때까지 기다렸다가 다시 녹음을 했다. 그렇게 소중히 만든 나만의 앨범을 듣고 또 들으면 늘어진다. 뭐가? 테이프가.

카세트테이프란 녀석은 날이 더워도 늘어지고 너무 반복해서 많이 들어도 늘어지는데 그러면 공포영화에서 나오는 귀신 소리가 나온다. 물론 여기엔 또 특효약이 있다. 카세트테이프를 비닐로 꽁꽁 싸서 냉동실에 넣은 뒤 몇 시간 동안 얼리는 것이다. 거짓말 같겠지만 이렇게 하면 늘어졌던 음악이 다시 멀쩡해져서 나온다. 또 카세트 플레이어가 좀 오래되거나 고장이 나면 카세트테이프가 '씹힌다'. 씹는다니, 정말로 카세트 플레이어가 이빨이 달려있어 잘근잘근 씹느냐고 물어보겠지만 진짜 이로 잘근잘근 씹은 것처럼 테이프가 막 뒤엉켜 버린다.

이렇게 되면 냉장고에 얼리는 특단의 조치도 무

용지물이다. 여기엔 듣지 않는다. 그럼 우리는 가위를 들고 외과 수술을 감행했다. 잘근잘근 씹힌 그 부위 때문에 나의 최애 친구인 테이프를 버리느니 그 씹힌 부분만을 가위로 잘라내어 잘린 부분을 버리고 나머지를 이어붙이는 게 낫다. 이때 아주 얇은 셀로판테이프로 섬세하게 이어붙여야 한다. 안 그러면 이 맛이 간 카세트테이프 플레이어가 또 나의 소중한 테이프를 씹어버릴지 모른다.

1980~1990년대 키즈들은 동질감과 향수를 느낄 것이고 젊은이들은 상상조차 가질 않을 것이다. 아니다, 아마 〈응답하라 시리즈〉같은 드라마에서 봤으려나. 음악이란 추억과 같은 것. 그 시대와 그 장소에서 들었던 음악을 들으면 그때의 추억이 떠오른다. 그래서 어딘가 여행을 가면 플레이리스트를 만들어 여행 내내 줄곧 듣는다. 여행이 끝나고 집으로 돌아와 플레이리스트를 다시 들으면 여행을 하던 장소와 추억, 그리고 그곳의 냄새까지 떠오르곤 해서.

오늘 밤엔 레트로의 유행 덕분에 다시 들을 수 있게 된 CD 플레이어로(온라인 쇼핑몰에서 샀다. 우리 시대에 듣던 것과 같은 모델은 아니지만 왠지 더 힙하고 세련된 모양새다) 나의 오래된 CD들을 들으며 전에 듣던 카세트테이프의 추억을 떠올려볼까.

내 친구 ADHD

 나의 어린 시절을 바탕으로 한 《안녕 자두야》를 봤다면 짐작할 수도 있겠다. 나는 어릴 적 ADHD 아동이었다. 그리고 제때 치료하지 못해 ADHD 성인으로 성장했다. 사실 우리 어릴 때 ADHD가 뭔지 알기나 했나? 그저 산만하고 말 많고 정신 사나운 아이였지. 그 성정이 치료 가능한 질병인지도 모르고 자랐다. 초등학교부터 고등학교를 졸업할 때까지 내 성적통지표 뒤에 항상 있던 담임선생님의 멘트는

'주의가 산만하고 수업 시간에 떠듦'이었다. 수업 시간에는 짝꿍이나 뒷자리 친구랑 떠들다가 선생님에게 지적을 당하고 분필을 맞는 건 예사였다. 준비물은 항상 잊어버리고 안 가져오기 마련이고 학창 시절 별명은 '딱따구리' 아니면 '따발총'이었다. 왜? 말을 너무 빨리한다고. 급한 마음에 빨리 전달하고 싶어 그리된 것이니 이 모든 것이 ADHD 증상이었다. 그런데 성인이 되어서도 빨리 치료받지 못한 것은 집중은 또 엄청나게 잘했기 때문이다. 그러니까 흥미가 있거나 재미있어 보이는 부분에만 엄청난 집중력을 보였다. 만화에 나오는 자두랑은 다르게 IQ가 사실 높고 학업 성적도 굉장히 좋았다.

그래서일까. 성인이 되어 ADHD란 병을 알게 되었을 때도 스스로 ADHD가 아니라는 판단을 내렸다. 보통 ADHD 아동은 집중하지 못하고 혼자 엉뚱한 곳에 빠져 마구 돌아다닌다든가 하는 특징만을 생각하기에 '내가 어릴 때 ADHD가 아니었을까?' 하고 의심했다가 딱 그 부분이 걸렸다. '난 아닐 거야'라고 단정짓고 만 것이다. 조금 더 젊었을 때 치료를 받았으면 중년의 나이가 된 지금은 조금 더 나은 생활을 할 수 있었을 텐데. 그런 아쉬움도 거기에 있다.

주의가 산만하다는 건 주위의 모든 것에 흥미와 관심을 보인다는 뜻이다. 나는 어느 하나에 집중하다가도 다른 더 흥미로운 것이 나타나면 바로 관심을 그것으로 돌린다. 이때 주위의 다른 어떤 것도 보이지 않는다. 어린 시절 나는 무척 말괄량이여서 집에 있는 시간보다 밖에 나가 노는 시간이 훨씬 많았는데 매번 어딘가를 다쳤다. 자주 넘어져서 팔꿈치와 무릎은 항상 깨져 빨간약이 발려있거나 반창고가 붙어있었고 턱도 자주 깨져서 두 번이나 꿰매었다.

예를 들면 이런 식이다. 놀이터에서 놀고 있는 동생을 발견하곤 반가워서 동생에게로 간다. 나에겐 동생밖에 보이지 않으니 앞으로 갔다가 뒤로 오는 그네 같은 건 관심 밖이다. 그날 나는 그네에 맞아 앞니 두 개가 깨졌고 엄마는 금반지를 팔아서 내 이를 치료해주었다. 또 하나 더, 동네 세탁소에 불이 났다. 그게 뭐라고 불구경을 하러 큰길을 건너다가 돌진해오는 오토바이를 못 보고 오토바이에 깔렸다. 오토바이가 내 팔을 깔고 지나가 팔이 부러졌고 나는 몇 주 동안 깁스를 해야 했다.

성인이 된 지금은 또 이런다. 세탁기에 세탁물을 넣으러 가다가 TV가 켜져있는 걸 발견한다 → 리모컨을 찾는다 → 그 옆에 전기요금 고지서가 보인다 → 아! 이걸 이메일 청구서로 바꾼다는 걸 깜빡했네 → 한전에 전화를 걸어 용무 해결 → 전화를 끊고 커피 한잔을 마시자는 생각이 든다 → 그러다가 고양이 발톱 깎는 가위가 눈에 띈다 → 아, 애들 발톱 깎아줄 때 안 됐나? 하고 고양이들을 잡으러 간다 → 고양이들이 애옹애옹 하고 무언가를 호소한다 → 보니까 밥통이 비어있다 → 아이고, 엄마가 밥을 안 줬구나. 미안해하며 밥을 준다. 자, 이러고 나면 하루가

깜박 지나간다. 애당초 세탁기에 넣으려던 빨랫감은 어딘가에 방치된 상태 그대로다. 이런 일들이 무수히 반복되니 벌여놓은 일은 많은데 끝마친 일은 찾아볼 수가 없다.

'순간의 충동을 못 참는다.' 어린 시절의 나는 호승심도 있었다. TV에 나오는 〈육백만 불의 사나이〉 흉내를 내며 높은 곳에서 뛰어내려 수시로 다쳤다. 자전거를 배운 뒤로(아빠는 나에게 자전거를 가르쳐준 걸 후회했을 것이다) 각종 묘기를 부리며 타는 걸 좋아했는데 언덕길에서 두 손을 놓고 타다가 그만…. 그 뒤는 예상하는 대로 병원행이었다. 물론 성인이 된 지금은 내가 왜 그랬는지 이해할 수 없다. 머릿속에 그 생각이 떠오르면 필터를 거치지 않고 바로 실천해야 직성이 풀렸다. 그런데 막상 바로 실행해야 할 것들은 묵히고 묵히다가 마감 직전에 하는 것이다. 알고 보니 이런 것도 ADHD의 특징이었다.

지금은 사회화를 거친 어른이니 해야 할 일과 하지 말아야 할 일을 구분한다. 병원에서 진단받고 약까지 먹으며 치료를 위해 노력 중이다. 약속 시간 삼십 분 전에 도착할 수 있게 출발한다(이렇게 해야 제시간에 도착할 수 있다). 오늘 하루 해야 할 일과 잊지 말아야 할 일은 메모해서 반드시 지킨다. 살까 말까 하는 것은 사지 않는다(과소비도 ADHD의 특징). 먹을까 말까 하는 것은 먹지 않는다(폭음, 폭식도 역시). 말할까 말까 하는 것은 말하지 않는다(남의 말에 눈치 없이 끼어드는 것도 ADHD의 특징). 무엇을 먼저 해야 하는지 어려움을 느끼므로 일에 순번을 정해둔다.

미리 알았다면 좋았겠지만 그러지 못해 우리가 놓친 것은 수없이 많다. 이제라도 나에 대해 스스로 관심을 가진다면 삶의 질은 틀림없이 올라간다. 나는 어릴 때 ADHD이었지만 스물하나에 바로 만화작가가 되어 전업 작가 생활을 했다. 사회생활을 일찍 할 수 있어 그나마 두드러지지 않았던 것 아닐까.

내가 제일 좋아하는 만화를 직업으로 삼았기 때문에 집중에 대한 어려움이 없기도 했다. 어떻게 보면 운이 좋았는데, 다른 성인 ADHD분들은 나보다 많은 어려움을 느끼고 있지 않을까.

어렸을 때부터 나와 함께 했던 ADHD. 마냥 나쁜 점만 있는 것은 아니었다. 호기심이 많고 활동력이 넘쳤으며 좋아하는 것을 과도하게 파고드는 성격 덕분에 지금의 만화가가 되었다. 공부하면서 밤새는 것은 힘들었어도 만화를 그리면서는 밤이 새는 줄도 몰랐다. 물론 사소한 생활에서 어려움과 불편함을 느꼈기에 늦었지만 치료해야겠다고 결심했다. 나와 같이 ADHD를 앓았거나, 어릴 때 ADHD였던 분들, 가족 중에 ADHD 질환자가 있는 분들이 조금 더 괜찮은 하루를 보냈으면 한다.

그대들은 어떻게 살 것인가

　어르신들에 비해 오래 산 건 아니지만 나름 인생을 살면서 절실하게 깨달은 점이 있다. 인생은 갈수록 시간이 더 빨리 지나간다는 것이다. 이십 대보다 삼십 대가, 삼십 대보다는 사십 대가 시간이 더 빠르게 흐르는 것처럼 느껴진다. 이십 대는 치열하게, 삼십 대는 너무나 바쁘게 살았다. 삼십 대에 결혼도 하고 아이도 낳고 일도 제일 많이 했다. 그 시절 남들에 비해 늦은 결혼을 한 나는 아이는 더 늦게 낳았다.

서른다섯. 정신 차려보니 임신을 했고(결혼 후에 바로 아이가 생기지 않아 사 년 만에 힘들게 생긴 거였다) 아이를 낳으러 가기 직전까지 일했기 때문에 정신없이 아이를 낳고 바로 세 달 만에 복귀했다.

양쪽 부모님들이 모두 일을 했기 때문에 아이 봐줄 사람을 구해야 했다. 그 당시 재중교포를 베이비시터로 많이들 썼다. 나도 만화가 친구에게 소개받은 재중교포를 24시간 베이비시터로 두고 화실에 나가 일을 했다. 와중에 그 어렵다는 모유 수유에 성공했는데 아이에게 해준 것이 없다는 죄책감에 시달려서였다.

모유 수유에 성공해서 기뻐한 것도 잠시뿐이었다. 바로 아이를 떼어놓고 화실로 나가야 했다. 그렇게 젖몸살을 이겨내며 힘들게 성공한 모유 수유를 포기하고 싶지 않았다. 젖을 말리지 않고 화실에 나가서 일할 때는 모유를 유축해서 냉동한 뒤 아이에게 먹였다. 아이가 커지면서 모유로 충분하지 않아져서 분유랑 혼합 수유를 하게 되었는데, 분유를 맛본 아이는 모유를 입에 대지 않았다. 힘들게 성공한 모유 수유를 포기할 수밖에 없었다. '그래, 일을 하면서 이만큼 먹였으면 많이 먹인 거지…' 애써 위로하며 아이가 얼른 커서 엄마가 걱정 없이 일할 수 있도록 해줬으면 바랐다.

다행히 아이는 잘 아프지 않고 건강하게 커주었으나 아이를 봐주는 베이비시터들이 힘들게 했다. 세상에 애 봐준 공은 없다고들 하지 않는가. 애를 볼 거냐 밭을 갈 거냐 물어보면 다들 밭을 간다는 말이 있다지만 베이비시터들은 이직이 잦았다. 다른 집에 놀러 가서 그 집 이야기를 듣고 오면 자신의 급여가 적다며 올려달라고 했다. 아니, 올려주는 건 어렵지 않았다. 미리 말만 한다면. 가장 두려운 건 당일에 그만둔다는 협박이었다. 나는 당장 일에서 손 떼고 집에 갈 수도 없는데.

나보다 나이가 두 배 정도는 많은 베이비시터들은 경험 없는 나를 많이도 흔들었다. 아주 마음대로 쥐고 흔드려 했다. 그때는 어리고 경험이 없어 그런 줄도 몰랐다. 엄마는 놀러 오면 아이는 안 봐주고 아주머니랑 기 싸움을 하려고 했다. 나는 엄마가 오는 것도 싫었다. 당시 내 인생에서 제일 승승장구하던 때였고 일도 엄청나게 많이 했다. 지금의 내 대표작도 다 그때 일했던 작품들이다. 하지만 애석하게도 제일 힘들었던 것도 그때이다.

아이를 봐주는 베이비시터는 수시로 바뀌었다. 나는 마감 중에 아주머니가 그만둔다고 말할까 봐 무서웠다. 와중에 내 아이가 네 살 반이 넘어가는데도 말을 못 한다는 것에 위화감을 느끼지 못했다. 아이는 말이 느렸다. 키와 몸무게는 아빠를 닮아 상위 1퍼센트 정도로 큰데, 기는 것도 일어서는 것도 걷는 것도 다 느렸다. 주변 사람들은 덩치가 크면 그렇다며 괜찮다고 했지만 아이가 글은 빨리 배웠다. 자기 혼자 그림 동화책을 보며 글씨와 알파벳을 쓰고. 부모가 만화가라 그런지 아기치고는 그림도 잘 그렸다.

정말 말만 못 했다. 지금이면 빨리 치료센터에 보내든지 해결책을 찾았을 텐데 그때의 나는 너무나 바빴다. 주변에 다닐 수 있는 어린이집이나 유치원도 전혀 없었다. 황금 무슨 띠 대란이라고 해서 몇 년 전부터 어린이집에 예약을 걸어놔야 들어갈 수 있었다. 근처의 어린이집이나 유치원을 열심히 알아봐도 당장 보낼 수 있는 곳은 없었다. 하루 체험 학습을 데려다놔도 엄마만 찾으며('엄마'라는 말만 할 줄 알았다) 악을 쓰고 울어대서 할 수 없이 다시 베이비시터를 부를 수밖에 없었다. 너무 피곤했다. 얘는 왜 이렇게 키우기가 힘든지. 베이비시터들은 아이를 인질 삼아 계속 나를 이렇게 저렇게 쥐고 흔들려고 하고 아이는 어린이집에 보내기도 힘들고 잠깐 보내도 악을 쓰고 울기만 했다.

어느 날 일찍 퇴근해서 집으로 들어온 나는 아

이가 말이 느렸던 이유를 알게 되었다. 아이는 아주머니를 보며 뭐라 뭐라 말 같지 않은 옹알이를 하며 쫑알댔다. 그런데 아주머니는 TV 연속극에 몰입해서 아이가 뭐라고 하든지 말든지 전혀 신경 쓰지 않는 상황이었다. 상호작용하지 못하고 사회생활도 하지 못하고 대화할 사람도 없는 아이가 말을 못하는 건 당연했다. 엄마, 아빠는 며칠씩 안 들어오기도 하고, 들어와도 아이는 자고 있었으니까.

내가 얼마나 가슴이 아파 울었는지 아이는 모른다. 너무 미안해서. 아이에게 못 해준 것은 없을지도 모른다. 하지만 분명 놓치고 있는 것은 있었다. 그 당시 아이를 봐주는 베이비시터는(적어도 내가 느끼기에는) 나이가 많은 인자한 분이었는데 아이를 놀이터에 데리고 다니지 않았다. 데리고 나가도 아이 혼자 놀게 하거나 다른 아이와 상호작용을 못 하게 했다. 나중에야 안 사실은 본인이 아이의 친할머니라고 말하고 다녔다고 한다. 아이를 봐주는 일을 한다는 것을 밝히고 싶지 않아서 다른 사람들과 말을 섞지 않으니 아이도 다른 아이들과 어울리지 못했다. 아이는 제때 말을 못 배울 수밖에 없었다.

그때 한창 디지털카메라가 인기였다. 그 카메라의 카피 한 구절이 내 마음을 후려쳤다. '아이는 당신을 기다려주지 않고 자랍니다.' 아이는 내가 모르는 사이 다섯 살이 되었다. 책을 많이 읽어서 글도 쓰고 그림도 그릴 줄 알지만 말할 상대가 없어서 말을 배우지 못했다. 나는 화실에서 문하생들과 먹고 자면서 일을 하고 사나흘이나 일주일에 한 번 정도 집에 들어갔다. 그럴 때마다 아이가 엄마한테 가려고 울고 떼를 쓰니까 베이비시터가 싫어했다. 베이비시터는 그럴 거면 잠깐 얼굴도 비추지 말고 아예 일 끝날 때까진 집에 들어오지 말라고 했다. 지금 생각하면 내가 베이비시터에게 괜한 겁을 먹은 것 같지만 어쩔 수 없었다. 베이비시터의 말을 들어야 했다. 아마 아이 키우면서 아이를 남에게 맡겨놓고 일하러 나가

보았다면 나를 이해할 것이다. 남편과 이야기하면서 고민을 많이 했다. 하지만 갑자기 하던 연재를 그만둘 수는 없었다.

그리고 친정집에서 연락이 왔다. 엄마가 암 진단을 받았다고, 암 4기라고 했다. 이상했다. 엄마는 술, 담배도 전혀 안 했고 육류도 잘 안 먹었다. 주중에 수영을 두세 번 다니고 주말엔 등산까지 다녔다. 우리 엄마가 걸릴 리 없는 병이었다.

나는 여러 개 하던 일들을 줄이고 정리했다. 그럴 수밖에 없었다. 삼 남매가 돌아가면서 엄마를 돌보기로 했다. 엄마의 남은 시간을 최대한 함께 보내야 했다. 그러면서 나는 아이와 처음으로 많은 시간을 보내게 되었다. 아이는 나와 붙어있게 되자 한 달 만에 갑자기 말을 하기 시작했다. 아이는 말이 너무너무 많았다. 하루 종일 떠들었다. 그동안 못했던 말을 보상이라도 받겠다는 듯이. 그제야 육아 책에서 읽었던 대목이 기억났다. 아이들은 말을 한 단계, 두

단계 계단 밟듯이 잘하게 되는 게 아니라 갑자기 봇물 터지듯이 말하게 된다고!

어린이집 하나 없는 번잡한 서울 동네에서 공원이 많고 아이들이 많은 신도시로 이사했다. 사실 엄마를 모시려고 공기 좋고 나무 많은, 암센터가 바로 앞에 있는 곳으로 이사 간 것이었다. 엄마 방도 예쁘게 꾸며놓았다. 하지만 엄마는 끝내 우리 집에 들어오지 않았다. 그렇게 사랑하는 아들 옆을 떠나고 싶지 않았던 거다. 좁아도 불편해도 아들과 함께 있는 것이 좋았나 보다. 지금도 생각한다. 인생에서 무엇이 제일 중요할까를.

어느 햇볕 쨍쨍한 낮(보통 일 때문에 밤낮을 거꾸로 살았는데 고쳐 보려고 노력했지만 아무리 노력해도 고쳐지지 않았다. 낮에는 할 일들이 많고 나를 찾는 전화가 오니 산만해서 일이 안 된다. 밤에는 무섭도록 일이 잘되니 사이클을 바꿀 수가 없었다), 나는 놀이터에 아이와 함께 있었다. 아이를 봐주는 베이비시터는 갑자기 일이 생겼다며 집으로 돌아갔고 나는 일하다가 아이를 보게 된 상황이었다. 아이는 모처럼 엄마랑 놀이터에 나와서 신나는지 까르르 좋아하는데, 나는 흐리멍덩한 머릿속으로 남은 원고 페이지 수를 세고 있었다. 남편이 곧 일을 끝내고 오기로 했으니 잽싸게 바통을 넘겨주고 일을 하러 가야 했다.

그러다가 문득 왜 이렇게 사는 건가 생각했다. 나는 언제까지 이렇게 살아야 하고 이게 내가 원하는 삶인가 하는 물음이 들었다. 아이는 즐거워하는데 나는 왜 이 시간이 즐겁지 않은가. 일이 다 뭐고 돈이 다 뭔가. 그깟 것이 없어도 죽지 않는데. 우리 엄마는 평생 남에게 나쁜 짓도 안 하고 교회도 열심히 다니고 운동도 열심히 하고 나쁜 음식은 먹지도 않았는데 암에 걸렸다. 우리 삼 남매 역시 검사하니 용종과 선종이 나왔다. 나는 심지어 1기였다. 아무리 좋은 것을 먹고 운동을 해도 유전자를 이길 수는 없었다.

우리는 젊을 때 빨리 발견해서 모두 없앨 수 있었지만…. 엄마도 아마 젊은 나이부터 병변이 있었겠지. 엄마는 매년 건강검진을 거른 적이 없었다. 병변이 간하고 췌장 뒤에 숨어서 잘 안 보였던 거다. 정말 억울했다. 어떻게 이렇게 운이 없을 수가. 시간이 흘러 병마와 열심히 싸웠지만 엄마는 결국 돌아가셨고, 아이는 학교에 갈 만큼 자랐다. 나는 전만큼 일하는 것이 그렇게 즐겁고 재미있지 않았다. 이것이 우울증의 시작이었던 것을 나중에서야, 너무 늦게 알았다.

PART 4
언제나 다시 계절은 봄

수작업으로 만화 그리기 (1)

지금이야 만화 작업도 모두 디지털화되어 전자기기로 그리지만, 예전에는 당연히 잉크를 묻혀 흰 종이에 그리는 수작업이었다. 나도 그랬다. 원고지란 것도 그냥 하얀 종이기만 해서는 안 된다. 만화를 A4 복사용지에 그릴 수는 없다. 문방구나 미술용품 화방에서 파는 수채화나 유화를 그리는 미술용 종이도 안 된다. 정확하게는 컬러 일러스트나 컬러용 만화 원고에는 쓸 수 있지만, 제도용 잉크를 묻혀 펜촉으로 긁어 그리는 방식에 사용하기에는 결이 너무 거칠다.

그렇다. 충무로나 을지로에 직접 가서 제도용지를 사야 했다(보통 천이나 옷감을 사는 것처럼 '끊는다'라고 표현했다). 일단 표면이 매끈매끈해야 좋다. 그래야 펜 선이 잘 미끄러지기 때문이다. 거친 종이를 선호하는 작가도 왕왕 있지만 어디까지나 보편적인 경우를 말하는 것이다. 제도용지라고 아무거나 되는 건 아니다. 너무 얇거나 너무 두꺼우면 그리기가 힘들다. 보통 110~130그램 정도의 두께를 사용했는데 나 같은 경우는 120~130그램 정도를 선호했다. 이렇게 종이를 구하면(종이를 살 때 업체에다 원하는 크기를 말하면 거기에 딱 맞게 재단해준다) 원고를 시작하는데, 나는 러프 스케치를 파랑 색연필이나 샤프펜슬로 대강 그리고 그 위에 연필로 데생을 했다. 데생을 여러 겹으로 그리지 않고 거의 펜 터치 선과 똑같을 정도로 깔끔하고 정밀하게 하는 편이라(그래서 데생이 오래 걸린다) 데생용 연필도 HB나 2B 같은 흐리고 딱딱한 연필을 사용했다. 정밀한 부분은 샤프펜슬을 이용하기도 했는데 어린이들이 처음 글씨 배울 때 샤프펜슬을 쓰면 글씨가 늘지 않는다고 하는 것처럼 우리 업계에서도 샤프펜슬은 그다지 권장되진 않았다(단, 능력자님들은 어떤 도구로 그려도 잘 그린다!).

그다음 잉크를 펜촉에 묻혀서 펜 선을 입힌다. 그냥 만년필에 넣는 일반 잉크는 안 되고 제도용 잉크여야만 한다. 빠이롯드(정식 사명은 '파이롯트', 한국 제휴사 사명이 한국빠이롯드여서 주로 '빠이롯드'라고 불렸다)에서 나오는 제도용 잉크는 처음에 뚜껑을 따면 좀 묽어서 뚜껑을 며칠 열어놓고 꾸덕꾸덕해지면 사용했다. 잉크가 너무 묽으면 그린 뒤에 지우개질을 할 때 펜 선이 반 이상이 날아가기 때문이다. 지금 찾아보니 빠이롯드는 제작이 중단되어 이젠 더 상품을 만들지 않는 모양이다.

꾸덕꾸덕한 잉크를 원하는 작가 중엔 먹물로 그

리는 작가도 있었다(우리 윗세대 만화가 선배님들은 대부분 이렇게 먹물로 그렸다고 한다. 그것도 먹을 직접 갈아서. 문하생들은 출근하면 먹부터 가는 것이 일상이었다고). 나는 만화 왕국 일본에서 만드는 만화용 잉크를 구해다가 썼다. 신기하게도 이 잉크는 처음부터 점도가 맞춰져 나와서 펜 터치하기에 딱 좋았고 장마철 습기에도 심하게 번지지 않았다. 그야말로 만화 그리기에 최적화된 잉크였다. 펜촉으로는 3N이나 제브라 펜촉을 썼다. 펜글씨용으로 뒤에 고무가 대어져 있는 펜촉은 안 된다. 만화용 펜촉이 있으므로 반드시 이것을 사용해야 한다.

  3N 펜촉은 저렴하지만 금방 끝이 닳아 뭉개졌다. 자주 갈아야 하니 오히려 가성비가 떨어졌다. 그래서 다들 제브라 펜촉을 썼는데 나 같은 경우 한 페이지를 그리는 데 펜촉을 세 개 정도는 쓴 것 같다. 얇은 선을 선호해서 펜촉이 무디어지면 바로 교체했으니 많이 쓸 수밖에 없었다. 편집자 중에 펜촉은 한

번 사면 평생 쓰는 줄 알았다는 분이 있어 웃은 적이 있다. 펜촉은 비싼 소모품이었다.

이렇게 인물 펜 선 작업을 끝내면 화실의 베테랑인 배경 어시(어시스턴트, 이하 '어시'로 통칭)가 인물 뒤에 배경을 그린다. 사실 이 작업이 인물을 그릴 때보다 더 시간과 정성이 필요하다. 그래서 배경 어시는 화실마다 적게는 두세 명, 그 이상 있는 화실도 있다. 보통 만화에서 볼 수 있는 크고 멋진 도시 배경은 한 컷 그리는데 최소 하루, 길게는 2~3일(양쪽 페이지가 붙은 전장의 경우)이 걸리는 매우 고되고 힘든 작업이다. 이렇게 인물과 배경 펜 선 작업이 끝나고 나서야 화실의 막내가 러프 지우개질을 한다. 막내는 화실에 들어온 지 얼마 되지 않아 아직 작업 과정에 참여하지 못하니 나름 허드렛일인 지우개질이나 먹칠을 하는 것이다. 하지만 이 지우개질도 쉽게 볼 게 아닌지라 힘이 지나치게 센 막내는 지우개질을 힘이 넘치게 빡빡 하다가 원고를 찢는 대참사를 일으키기도 한다. 또 지우개질을 너무 깨끗이(?) 하면 펜 선이 흐려지므로 적당히 살살 해야 한다.

지우개질이 끝나면 그 위에 먹칠을 하는데 이것도 꽤나 난이도가 있는 작업이라(빗겨나가면 안 되므로) 막내보다 살짝 위 단계의 어시가 한다. 이때 반드시 주의해야 할 화실의 빌런이 있으니 바로 대부분 화실에서 키우고 있는 냥 선생(고양이)이시다. 왜 냥 선생이라고 불리냐면 화실 식구들의 우러름과 사랑을 한 몸에 받고 있기 때문이다. 냥 선생은 예고도 없이 책상 위로 뛰어올라 잉크를 엎는다. 이유는 없다. 냥 선생에게 잘못도 없다. 그냥 부주의한 우리 인간의 잘못이다. 그래서 잉크는 반드시 뚜껑을 덮어놓아야 했는데 우리 화실은 잉크병 바닥에 양면테이프를 붙여 잉크병을 책상에 고정해서 사용했다. 아무리 조심해도 가끔씩 냥 선생의 발자국이 찍힌 원고를 납품하기도 한다(원고 앞면은 당연히 그 위에 수정액을 칠했지만, 뒷면은 상관없으니 그대로 보낸다).

이렇게 냥 선생의 방해를 피해 먹칠까지 했으면 그다음은 스크린톤 작업이다. 스크린톤은 무늬가 인쇄되어 뒷면에 접착제가 첨가된 얇은 필름인데 옷무늬나 명암에 쓰인다. 그 당시 돈으로 한 장에 삼사천 원 정도였으니 상당히 고가이다. 만화 원고 제작비 대부분을 이 스크린톤 사는 데 썼다. 마감이 끝나면 작가는 떨어진 스크린톤을 보충하기 바빴다. 마감 중에 주인공 옷에 쓰는 무늬가 갑자기 똑 떨어지거나 한다면 큰일이니까 말이다. 한 달에 스크린톤 구매비만 몇십만 원씩 나가기도 했다. 또 한밤중에 스크린톤이 떨어지기라도 하면 가까운 만화가 친구네 빌리러 가기도 했다. 나름 재미있는 추억이다. 이렇게 스크린톤 작업을 끝내고 빗겨나간 선이나 기타 수정을 위한 수정액 칠까지 마치면 원고는 완성이다. 사실 이대로 끝이 아니다. 더 위험한 일들이 기다리고 있다.

수작업으로 만화 그리기 (2)

원고를 무사히 마친다고 끝이 아니다. 이 원고를 편집부까지 전달해야 한다. 지금처럼 웹하드에 올리거나 메일로 보내는 시대가 아니었다. 실물 원고를 편집부에 전달하면 편집부에서 식자를 붙여 인쇄소로 다시 보낸다. 보통 그나마 원고 작업에 많이 참여하지 않아 체력이 널널한 막내가 원고 심부름을 한다. 여기서 도시 전설이랄까 화실 전설이 등장하고야 마는데, 막내가 택시에서 졸다가 그만 원고를 놓고 내린 일이 화실마다 한 번씩은 꼭 있었다.

그래도 이런 경우는 그나마 괜찮다. 나름 찾기도 쉬운 편이다(찾기까지의 과정이 피 말리지만…). 오토바이 택배라는 신문물이 등장하면서 많은 만화가가 이 편리한 시스템을 많이 이용했는데, 바로 이 오토바이 택배로 원고를 보내다가 분실하는 일이 꽤 자주 발생했다. 어떤 작가님의 원고는 강변북로를 달리다가 그만 도로에 흩날리며 떨어졌다는 얘기가…. 나는 오토바이 택배는 아니지만 문하생이 택시에 두고 내린 적이 한 번 있었고(그래도 다행히 택시회사랑 연락이 되어 찾을 수 있었다) 인쇄소에서 원고를 잃어버렸다고 연락이 온 적도 있었다.

《댕기》에 연재를 할 때였다. 원고를 무사히 끝내고 편집부에 보냈으니 먼저 샤워를 할까 아님 꼬박 굶었으니 밥을 먹을까 행복한 고민을 하고 있는데 전화가 왔다. 담당 기자님이었는데 인쇄소에서 내 원고를 한 장 잃어버렸다는 것이다. 너무 놀라 어안이 벙벙해서 입이 벌어진 채 다물어지질 않았다. '나한테도 이런 일이 일어나네' 하는 생각도 들었다. 기자님은 인쇄소 담당자를 바꿔주었다. '그래, 운이 나쁘면 그럴 수 있지' 하고 생각하다가 그분의 한마디에 내 남은 인내심은 전부 날아가 버렸다. "한 장인데 금방 다시 그릴 수 있죠? 한 시간이면 되나? 얼른 그려서 여기로 가지고 오실래요?" 사람이 상식에 어긋난 일을 당하면 화도 안 나고 오히려 침착해진다는 걸 이때 알았다. 그래, 모를 수 있다. 일반인이니까. 우리가 만화를 그리는 데 얼마만큼의 시간이 들어가는지, 얼마나 힘들게 그리는지 아마 절대 모를 것이다. 그래도 "한 장인데 금방 그릴 수 있죠?"라니.

전화기를 낚아챈 담당 기자님이 내게 말했다. "복사본이 있으니까 괜찮으시면 그걸로 일단 내고 단행본 낼 때 다시 그리거나 하면 돼요. 힘든데 지금 당장 다시 그릴 필요 없어요." 원고를 편집부에 가져

가면 편집부는 받자마자 원고를 복사해서 나에게 한 부 주고 나머지 한 부는 편집용으로 보관한다. 그 복사본을 말하는 거였다. 그녀의 다정한 말에 나는 마음을 추스르고 "아니요, 말씀대로 한 페이지니까 복사본을 보고 다시 그려볼게요"라고 했다.

당연하게도 복사본을 출력하면 인쇄의 질이 떨어진다. 게다가 잃어버린 페이지가 중요한 마지막 페이지였으므로 그런 원고를 내보낼 수는 없었다. 문하생들도 마감이 끝나서 돌아간 뒤라 혼자 묵묵하게 한 페이지를 다시 그렸다. 한 번 그렸던 내용이라서 그런지 생각보다 빨리 그릴 수 있었다. 그렇지만 끝없이 눈물이 흘렀다. 힘들어서 흘린 눈물인지 '한 장인데 금방 그릴 수 있죠?'라는 말 한마디에 폄하된 내 작품이 억울해서인지. 어쨌든 바로 그려서 택시를 타고 갖다주었다.

이런 류의 괴담은 화실마다 정말 많다. 내 친구는 위에서 말한 오토바이 택배로 원고 한 회분을 몽

땅 잃어버렸다. 당연히 보험이고 뭐고 없던 시대였다. 원고를 잃어버리면 도대체 무엇으로 보상받으면 좋을지 모르겠지만 어쨌든 잃어버리고 그걸로 끝이었다. 친구는 만화계에서 알아주는 성실맨이어서 시간을 주면 다시 그리겠다고 했다. 그리고 한 회를 전부 다시 그렸다. 내 친구지만 정말 존경하지 않을 수 없었다. 그 친구도 나처럼 화실 막내가 원고를 택시에 두고 내린 경험도 있었다. 그 친구는 나와 달리 결국 원고를 찾지 못했는데 도대체 왜 원고를 돌려주지 않는지 모르겠다. 아니, 쓰레기라 생각해서 그냥 버린 걸까? 그렇게 생각하니 더 슬프다.

그나마 우리같이 수도권에 있는 작가들은 사정이 낫다. 택시든 오토바이 택배든 일단 짧은 시간에 원고를 갖다줄 수 있으니까. 지방에 사는 작가들은 원고를 일찍 끝내면 소포로 보내는데 당시엔 작가가 모자라서 다들 동시에 여러 개를 연재했다. 원고를 일찍 끝내기란 정말 힘들었고 다들 항상 아슬아슬한 마감을 하고 있었다. 이렇게 겨우 완성된 원고를 가슴에 품고 공항으로 달려간다. 서울행 비행기에 타려는 승객 중에 마음 좋아 보이는 분에게 부탁하는 비책을 쓰는 것이다. 김포공항에 도착하면 기다리고 있는 분에게 이걸 전달해주실 수 없냐고. 물론 전달 물품은 원고이고 김포공항에 마중 나와 가이드처럼 푯말을 들고 있는 사람은 만화 편집 기자님이다. 007 작전이 따로 없었다. 기자님은 마음씨 좋은 분에게 건네받은 따끈따끈한 원고를 품에 안고 인쇄소로 달린다. 택시 안에서 식자를 붙이는 스킬을 발휘하기도 한다. 손 다치면 어쩌려고. 인쇄소로 달려가 원고를 넘기면 세이프! 겨우 이달의 책이 무사히 나오게 되는 것이다.

사실 이 정도가 아직 막장은 아니다. 막장의 막장은 따로 있다. 인쇄소에서 인쇄 기계가 돌아가는 옆에서 원고를 하는 것이다. 그리고 이 역시 나도 경험해본 적이 있다. 인쇄 기계가 돌아가는 옆에서 쪼 그리고 앉아 원고를 그리면 바로 옆에서 문하생이 톤을 붙인다. 담당 기자님은 바로바로 식자를 붙인다. 담당 기자님이 톤을 붙여주기도 한다. 만화 편집자 중에는 스크린톤을 아주 잘 붙이는 분들이 많이 있는데 바로 이런 경우 때문이다.

이런 지옥을 겪으면서 살아서 그런지 출판 만화 작가와 편집자 중에는 공황을 겪는 분들이 꽤 있다. 나 역시도 그렇고 얼마 전 만났던 내 담당 기자님도 그렇다고 들었다. 이런 경험들이 나의 일부분이 되어 나를 튼튼하게 만든 것도 사실이다. 이젠 웬만한 일에는 놀라지 않게 되었다고나 할까? 아니다. 컴퓨터가 갑자기 꺼져서 작업하던 원고가 감쪽같이 사라지거나 하는 일들이 종종 발생하니 놀라지 않는 것은 아니다. 이런 일들은 정말 평생 익숙해지지 않고 트라우마가 될 것 같다. 그래도 아직도 좋다고 만화를 그리고 있으니 애증일까, 요즘 말로 '찐사'일까나.

안경의 역사

작년에 백내장 수술을 했다. 아무리 세월이 흘렀다고 해도 아직 백내장이 올 나이는 아닌데 여기엔 다 이유가 있다. 나는 어렸을 때부터 책벌레라 항상 눈이 나빴다. 그렇지만 씩씩한 유년 시절을 보냈고, 시력이 나쁘다는 사실을 깨달은 건 초등학교에 입학해서였다. 일단 칠판이 잘 안 보였다. 학교에서 한 엉성한 검사로도 그다지 좋지 않은 시력이 나왔다. 0.7 정도였나(사실 지금에 비하면 엄청나게 높다). 일상생활에는 전혀 무리가 없어서 그러려니 하고 나도 엄마도 딱히 신경 쓰지 않았다.

안경을 처음 쓴 건 6학년에 올라가서였다. 이제는 칠판이 전혀 보이지 않아 공부에 지장이 갈 정도였다. 안경원에서 시력 검사를 하니 마이너스 직전인 0.1이었다. 내가 어릴 때만 해도 안경 쓴 아이가 별로 없었다. 컴퓨터나 스마트폰이 없으니 다들 눈이 별로 나쁘지 않기도 했고 안경이 무지하게 비쌌다. 지금처럼 가벼운 마음으로 맞출 수 있는 가격이 아니었다.

나는 어릴 때부터 '안경캐(안경 쓴 캐릭터)'를 무척 부러워했다. 만화에서 똑똑한 역할이거나 '끝판왕' 느낌으로 나와서였다. 또 한 손가락으로 스윽 하고 안경다리를 올리는 것이 너무너무 멋있었다. 체육 시간에 뜀틀을 뛸 때 안경을 벗어서 내려놓는 것도 너무너무 멋지고 만화 같았다. 그래서 엄마 손잡고 난생처음 시장 입구의 안경점에서 안경을 맞출

때는 그렇게 설레고 좋을 수가 없었다. 그 안경이란 녀석이 내 평생의 굴레가 될 줄은 모르고 말이다.

중고등학교를 거치면서 내 시력은 꾸준하게 나빠졌다. 마이너스에 마이너스로 내려가 안경알은 점점 더 두꺼워져 두 배 이상 압축을 해야 했다. 도수 높은 안경을 써봤다면 알겠지만 이놈의 지독한 근시 안경렌즈는 눈이 정말 콩알만 하게 보인다. 그래서 사회에 나와 안경을 벗고 렌즈를 꼈을 때 오랜만에 만난 친구들은 나를 못 알아보기도 했다. 만화에 나오는 뺑글뺑글 돌아가는 안경을 쓴 애였으니까. 심지어 친구들은 혹시 성형수술을 한 거냐고까지 물었다.

2002년 월드컵으로 나라가 들썩이던 그해에 라식을 했다. 어서 이 지겨운 안경을 벗고 싶은 생각만이 간절했는데 그새 세상이 좋아져 라식수술이 나온 것이다. 나는 라식이 나오자마자 바로 한 사람에 속하는데 정말 광명을 되찾았다. 태어나서 처음으로

1.5라는 시력을 갖게 되었다. 더 이상 불편한 콘택트렌즈와 안경을 번갈아 끼지 않아도 되었다. 하지만 라식에도 유효기간이 있다는 것은 몰랐다. 혹독한 만화작업 끝에 또다시 어릴 때와 마찬가지로 점점 눈이 나빠졌다. 곧장 병원에 가서 다시 라식을 할 수 있을지를 물었는데 병원에서는 렌즈 삽입술을 권했다. 이미 한 번 라식을 한 눈이라 요즘 많이 한다는 새로운 기술을 추천해준 것이다. 나는 새로운 기술일수록 좋겠거니 하고 수술을 했다.

수술은 잘 됐으나 적응이 어려웠다. 병원에서는 시간을 두고 적응 기간을 가지면 괜찮을 거랬다. 그런데 한 달간 적응훈련을 했는데도 도저히 익숙해지지 않았다. 일단 만화작업을 할 수가 없었다. 초점도 맞지 않았고 어지러웠다. 결국 병원과 상담하여 삽입한 렌즈를 빼기로 했다. 그렇게 렌즈를 빼고 일주일이 지났을까? 갑자기 눈이 부셔서 햇빛이나 전등을 똑바로 볼 수가 없었다. 핸드폰 빛조차 바로 보기가 힘들었다. 집에서 선글라스를 끼고 생활해야 할 지경까지 됐다. 초조한 마음에 다시 검사를 받았더니 결과는 백내장! 렌즈 삽입 후에 한 달 이상, 또 렌즈 제거 후에도 계속 항생제 안약을 투여해야 하는데 이때 부작용으로 백내장이 오기도 한다는 것이다.

이때 내가 느낀 좌절은 그 누구도 모를 것이다. 눈이 보이지 않으면 더 이상 만화를 그릴 수 없었다. 모든 것이 흐리고 초점도 맞지 않았다. 가까운 것도 멀리 있는 것도 보이지 않았다. 나는 매일 울었다. 어릴 때부터 만화가 좋아서 무작정 시작했지만 좋았던 때도 미웠던 때도 있었다. 어린 젖먹이를 떼어놓고 나가서 만화를 그려야 할 때, 엄마가 아파서 병원에 있을 때, 그리고 결국 돌아가셔서 장례를 치른 후 다시 연재 작품을 그려야 했을 때는 이게 지옥이지 다른 지옥이 어디 있겠냐고 생각한 적도 있었다. 그때는 내가 만화를 그리게 된 것을 후회했다. 그런데 인간이 간사하지. 눈이 보이지 않아서 만화를 그릴 수 없다고 생각하자 너무나 맹렬하게 만화를 그리고 싶었다. 나는 급성 백내장이었기 때문에 급속도로 나빠졌고 주치의 선생님은 수술하면 걱정 없다며 이번엔 잘될 거라고 용기를 주었다.

다행히 예전 시력을 되찾았다. 수술한 지 일 년이 지났지만 이제 예전처럼 마감도 하고 평범한 일상을 살고 있다. 하지만 잊지 못한다. 그때 얼마나 지옥에 빠진 것처럼 절망스러웠는지. 만화를 다시는 못 그린다고 생각하니 죽을 것같이 괴로웠던 그 심경을 잊을 수가 없다. 안경이 뭔지. 안경 한번 벗어보려고 한 일인데 결국 다시 안경을 쓰고 작업한다. 수술했다지만 시력이 젊을 때처럼 좋아지진 않았고, 아무래도 주로 컴퓨터 작업을 하니 눈 보호 차원도 있다. 나처럼 시력이 나쁜 분들에게 말하고 싶다. 안경을 쓰더라도 내가 가지고 있는 눈 그대로가 가장 좋다는 것을. 눈은 소중하고 중요한 것이니 아껴 쓰고 소중히 해야 한다는 것을.

가난과 감기와 고양이 집사는 숨길 수 없다

옛말에 '가난과 감기는 숨길 수 없다'라는 격언이 있다. 이와 같은 맥락으로 고양이 집사를 들 수 있겠다. 우선 그들은 옷에 항상 털을 묻히고 다니며(나도 고양이 두 마리 집사로서 항상 신경 쓰며 돌돌이로 털을 떼어내려 하지만 소용없다) 자신의 반려동물과 같은 동물을 마주치면 자신도 모르게 흐뭇하고 인자한 미소를 지으며 바라본다. 그리고 입으로는 "쮸쮸~" 하며 남이 들으면 망측한 귀여운 소리를 내고 만다.

어느 날 지인과 만나서 다른 장소를 가기 위해 택시를 탔다. 지인 역시 고양이 집사였기에 우리는 서로의 안부를 묻기 전에 '주인님(반려동물)' 안부를 먼저 묻는다.

"이번 여름 엄청 더웠는데 털도 길고 풍성하기까지 하잖아. 어떻게 지냈대?"(고양이 얘기임)

"까탈스럽고 물도 너무 싫어하셔서 목욕도 못 시키고 고생했지, 뭐. 내가 돈 많이 벌어서 에어컨이나 계속 틀어드려야지."(고양이 얘기임)

초등학생들이 포켓몬 카드를 꺼내 교환하듯이 서로의 핸드폰을 꺼내 사진을 보여준다.

"이거 봐. 그래도 너무 더워하셔서 이번 여름엔 이발 좀 해드렸지."

"풋! 이거 뭐야? 집에서 셀프로 한 거야? 완전 삐뚤빼뚤하잖아?"

"그럼 어떡해. 목욕도 못 시키는데 미용실은 가겠냐고."

"어머, 어머! 근데 이 '뽕 주디(고양이 입이 툭 튀어나와서 동그랗게 부풀어있는 모양)'는 뭐야?"

"아, 그때 사냥놀이 중이라."

아까부터 우리 얘기를 들으며 힐끔힐끔 쳐다보시던 택시 기사님이 끼어들며 말을 붙인다.

"고양이 키우시나 봐요?"

"아, 네…. 둘 다 고양이를 키워서요."

"걔네가 아주 영물이죠. 하는 짓을 보면 머리가 나쁜 것 같다가도 또 어떨 땐 머리가 엄청 좋아요."

갑자기 자신의 이야기를 늘어놓길래 운전석 쪽을 힐끗 보니까 세상에! 고양이 사진이 들어간 액자에, 고양이 사진 스티커에, 고양이 열쇠고리까지 모두 같은 고양이인 걸 보니 기사님이 키우는 고양이인가 보다. 그날 우리는 택시를 타고 가는 내내 기사님의 고양이 자랑을 들어야 했다. 애교가 얼마나 많고, 사냥놀이를 얼마나 잘하고, 퇴근하고 들어가면 얼마나 반가이 맞아주고, 자식보다 얼마나 낫고….

가끔 택시를 타면 곤란할 때가 몇 번 있는데, 기사님이 정치 얘기를 하거나 자식 자랑을 하면 그거만큼 난감한 상황이 없다. 하지만 고양이 자랑은 정말 유쾌한 경우여서 같은 고양이 집사들끼리 '냥 토크'를 하면서 즐겁게 드라이브를 했기 때문에 좋은 기억으로 남아있다.

요새도 이런 문화가 있을지 모르겠다. 나의 아이(사람 아들)는 이제 다 컸기 때문에 아주 예전의 일이다. 지인을 만났을 때나 단톡방에서 자기 아이 사진을 보여주려면 그날 식사비를 전부 내든가 지폐 큰 거 한 장을 내놓고 하라는 말이 있었다. 그것은 집사들한테도 마찬가지다. 그들은 호시탐탐 자기 새끼 사진을 보여주려고 기회를 보며 냥 토크를 할 타이밍을 가늠하고 있다. 이런 일이 매우 자연스럽게 이루어지는 장소가 있는데 바로 동물병원이나 공원이다. 이런 곳에선 반려인들끼리 오늘 처음 봤지만 서로 오랜 친구처럼 대화할 수 있다.

나는 정작 내 아이가 어릴 때는 SNS를 하지 않았다. 눈코 뜰 새 없이 바쁘기도 했고 좀 낯간지러웠다. 일상을 남과 공유하는 것이 '이런 걸 올려도 되나? 누가 본다고?' 싶어 어색했는데 고양이를 키우면서 생각이 바뀌었다. 이 예쁜 걸 나만 볼 게 아니라 남에게 자랑하고 같은 집사들과 얘기하고 싶었다. 그래서 우리 고양이들 사진을 올리기 시작했다. 고양이 계정 팔로워들이 늘고 다른 예쁜 아가들 사진도 보니 이제는 너무나 즐거운 SNS 생활을 누리고 있다.

반려동물이 아니라 가족이다. 아직 인정하지 않는 분들도 있지만. 내가 좋은 것 먹여 키우고 내가 씻기고 내가 놀아주고 산책시켜주고, 나도 함께 즐겁고 나만 바라보며 나만 사랑하는 영원히 어린아이의 지능을 지닌 사랑스러운 생명체. 어떻게 내 아이, 내 가족이라고 생각하지 않겠는가.

내 인생의 커피

    사람들에게 어떤 커피를 좋아하냐고 물으면 정말 수많은 종류가 나올 거다. 취향이란 태어나면서 가지고 나오는 경우도 있지만 어떤 경험에 의해 생성되기도 한다. 나 역시도 그렇다. 나의 커피 취향은 매우 극단적인데 엄청나게 달고 맛있는 캐러멜 마키아토와 독약처럼 진한 에스프레소 두 가지를 번갈아 마신다(물론 그 사이사이 한국인의 소울 음료인 아이스 아메리카노는 보리차처럼 마신다). 어느 날 문득 나의 이

극단적인 커피 취향은 도대체 어디서 비롯됐을까 궁금해졌다.

어릴 적 '스카치 캔디'라는 간식을 좋아했다. 아마 기억하는 사람이 있을 거다. 캐러멜 맛이 나는 사탕. 사실 좋아는 했지만 자주 먹지 못했다. 다른 사탕에 비해서 좀 비쌌다. 스카치 캔디를 사 먹을 돈이면 구멍가게에 가서 다른 싸구려 불량식품을 몇 배나 사 먹을 수 있었으니 말이다(이것도 매우 억울한 점이 있는데 '불량식품'이라고 몰린 '아폴로'라든가 '쫀드기'라든가 영세기업의 저가 과자들은 엄밀히 말해 불량식품이 아니다. 군 독재 정부 시절, 저가 간식들을 '불량식품'이라고 싸잡아 '불량식품을 먹지 말자'라고 캠페인을 벌이고 아주 난리를 쳤는데, 이런 과자들을 먹고 배탈이 났다는 친구는 본 적이 없다. 아주 어릴 적에 길거리나 학교 앞에서 파는 '냉차(차가운 보리차에 설탕물을 탄 것)'나 수상쩍은 '하-드' 아니면 '아이스께끼'를 먹고 배탈 난 경우는 봤어도). 그래서 스카치 캔디는 내겐 좀 특별한 날에 먹는 고급 사탕이었다.

어느 크리스마스 이브 저녁, 우리 삼 남매는 자기 전 머리맡에 양말을 하나씩 걸어놨다. 매년 이렇게 했지만 한 번도 그 안에 선물이 들어있었던 적은 없다. 우린 어릴 때부터 산타가 없다는 것을 알고 있었고 그 양말 안에 누군가 선물을 넣어준다면 그건 부모님이란 것도 알고 있었다. 우리 부모님은 그 양말 안에 선물을 넣어줄 정도로 다정하거나 형편이 넉넉한 분들이 아니란 것도. 그래도 다들 그렇게 하니까 혹시나 싶었을 뿐이었다.

그런데 딱 한 번! 그 안에 선물이 들어있었다. 크리스마스 날 아침, 자고 일어나니 우리가 걸어둔 양말 안에 평소엔 비싸서 맘껏 먹을 수 없었던 스카치 캔디가 잔뜩 들어있었다. 어느 날 여름, 내가 좋아하는 캐러멜 마키아토를 마시다가 기시감이 들었고, 그 맛이 스카치 캔디와 비슷함을 느꼈다. 그리고 또 하나! 대부분 '달고나 과자'라고 하는 설탕 과자를 우리 동네에선 '뽑기'라고 했다(동네에 따라 부르는 이름이 다르더라). 이걸 정말 너무너무 좋아했다. 손아귀에 동전만 생기면 뽑기를 사 먹으러 달려가곤 했다. 동네 아이들이 몰려서 놀던 공터나 학교 앞에 천막을 걸어놓고 장사하던 아저씨나 아줌마들이 주로 팔곤 했는데, 이게 얼마나 맛있던지 집에서 뽑기를 만들어 먹다가 국자를 태워 먹고 엄마한테 혼나기도 했다. 그렇다. 그 맛이 내가 좋아하는 캐러멜 마키아토에서 느껴진 것이다.

이렇게 커피를 단맛으로 마시던 내가 한 번 더 취향이 바뀐 적이 있다. 세계 만화인들의 축제인 프랑스 '앙굴렘 국제 만화 페스티벌'에 초대를 받아서 갔을 때였다. 앙굴렘이란 곳이 상당히 외딴 지방이라 일단 파리에 도착한 다음 파리에서 전시회를 하고 거기서 또 기차를 타고 이동하는 일정이었다. 파리가 그렇게 눈이 많이 오고 추운 곳인 줄 몰랐다. 눈도 그냥 오는 게 아니었다. 폭설이 펑펑 내리는데 너무너무 추웠다. 유명한 몽마르뜨 거리에서도 몽마르

뜨고 뭐고 추워서 정신이 없었다. 추위와 눈을 피할 셈으로 아무 카페나 들어가서 커피를 시켰다. 메뉴고를 정신도 없어 그 카페의 추천 메뉴인 오늘의 커피를 시켰다.

서빙된 것은 내가 늘 즐겨 마시던 아메리카노가 아니라 사약처럼 진하고 쓴 유럽식 커피였다. 약간 탄내도 났다. 그런데 그 커피가 어찌나 맛있던지 내 인생 커피 세 손가락 안에 들었다. 춥고 힘든 일정 중에 따뜻한 곳에 들어가 후후 불며 마셔서겠지. 그 이후로 나의 커피 취향은 약간 탄내가 나는 진하고 구수한 커피로 바뀌었다. 설탕도 우유도 넣지 않은. 그리고 다시 한번 인생 커피를 마시게 되는데, 이것도 또 내 취향의 한 가지랄까.

커피를 진하게 마시긴 하지만 에스프레소를 마셔 본 적은 없었다. 진한 홍삼 농축액 같은 커피 원액을 아기들 소꿉놀이 세트같이 조그마한 찻잔에 마시는 한 모금 커피가 뭐가 맛있는 건지 감도 오지 않았다. 딱히 시도해보고 싶지도 않았다. 그러다 이탈리아 여행을 가게 되었다. 여러 성당과 유명 관광지를 돌다가 현지 가이드님이 잠깐 쉬는 시간을 주시며 카페에서 커피 한 잔씩 하자고 제안했다. 요새는 이탈리아 카페에도 아이스 아메리카노(롱블랙)가 있다. 예전엔 없었다고 하지만. 그래서 아이스 아메리카노를 원 샷 하고 있는데 가이드님은 인형 놀이같은 자그마한 찻잔에 에스프레소를 마시고 있었다. "저는 써서 못 마시겠어요"라고 했더니 에스프레소에 굵은 설탕을 넣어서 마시는 현지인들의 방법을 알려주었다. 굵은 설탕 한 스푼! 가이드님이 알려주는 대로 마셨더니 뽑기의 맛이 났다. 이것도 내 취향인 것이다.

대체 거기에서 무슨 설탕 과자의 맛이 나냐고 하는 분도 있겠다. 그 설탕이 중요하다. 아무 설탕이나 되는 건 아니다. 정제를 많이 하지 않은 누런빛 알이 굵은 설탕이어야 한다. 어릴 때 포장마차에서 사 먹던 뽑기 과자도 누렇고 굵은 설탕으로 만들었던 것 같다. 하얀 설탕이 아니었다. 그 뒤로 종종 직접 에스프레소를 내려 굵은 설탕 한 스푼을 넣어서 마신다. 주의해야 할 건 꼭 오전에 마셔야 한다. 늦은 오후에 마시면 밤에 잠이 안 올 수도 있으니 말이다. 얼마나 푹 빠졌던지 예쁜 에스프레소 잔도 여러 개 마련했다.

난 커피를 어찌나 사랑하는지 임신 중에 커피를 못 마시게 되자 담당 의사 선생님에게 사정했던 적도 있다. 선생님은 정 힘들면 하루 한 번 아주 약하게 타서 마시라고 했다. 그렇게 마실 바에야 나중에 마시겠다고 참았지만.

요새는 너무 진하게 마시거나 많이 마시면 밤에 잠이 오지 않는다. 오전에 한 번, 그리고 오후 세 시 이전에 마시려고 노력한다. 전에는 즐겨 마시던 맥주나 와인도 거의 안 마시고 있으니 나의 유일한 즐거움인 커피는 될 수 있으면 건강을 해치지 않는 선에서 오래 즐기고 싶다. 아, 마지막으로 가장 맛있는 커피는 남이 내려주는 커피이다!

천사의 팬티

    초등학교 고학년 때 같은 반에 J라는 친구가 있었다. 정신 산만하고 까불거리는 나와 달리 키도 크고 성숙한 냉미녀 같은 애였다. J는 우리같이 하찮은 조무래기들은 상대하지 않겠다는 듯 전혀 어울리지 않았는데 그렇다고 뒤쪽의 키 큰 친구들하고 노는 것도 아니었다. 고고한 학 같은 존재였다고나 할까? 선생님도 부반장인 나보다 학급 일을 더 많이 맡기며 의지했고 심부름도 자주 시켰다. 하긴 나는 그냥 까불대고 재미있으니 인기가 많아서 부반장으로 뽑힌 거였다. 반면 J는 공부도 잘하고 어른스러웠다.

 그런 J는 사람을 깔봤다. 분명 느낄 수 있었다. 웃을 때도 한쪽 입꼬리만 올리고 흥! 하는 비웃음이 버릇이었다. 성숙한 J는 우리가 노는 게 유치하고 꼬꼬마 같다고 생각하는 게 분명했다. 아마 사춘기가 먼저 온 거겠지. 쉬는 시간이나 점심시간에도 같은 반 친구들이랑 운동장에서 놀지 않고 혼자 앉아 책을 읽곤 했다.

 한마디로 함부로 접근하기가 힘들었다. 스스로 두꺼운 장막을 치고 있는 아이 같았다. 공부도 굉장히 잘해서 J라고 하면 반에서 공부를 제일 잘하는 친구였다. 그런데 또 친절하진 않았다. 모르는 걸 물어보거나 하면 너는 이것도 모르느냐는 식으로 선생님처럼 꾸지람했다. 가까워지기도 힘들고 또 친해지기도 힘든 애였다. 아니, 솔직히 친해지고 싶지도 않았다. 나는 J가 싫고 거북했다. 말을 붙이면 분명 조금 더 부드럽고 친절하게 할 수 있는 말인데도 사사건건 뾰족하게 구는 게 싫었다. 나는 원래 약간 연상 같고 어른스러운 동성 친구를 좋아해서 첫눈에 J가 좋았다. 사실 친해지고 싶었다. 하지만 너무나 불친절하고 뾰족한 태도 때문에 친해지는 걸 포기하고 나중엔 피하기까지 했을 정도였다.

한창 고학년인데도 까불고 장난만 치는 남자애들 때문에 골치 아프던 때였다. 걔네는 송충이를 나뭇가지에 붙여와 내밀면서 깜짝 놀라게 하거나 여자애들이 치마를 입고 오면 '아이스케키' 장난을 쳐 분노케 했다. 나도 그렇고 여자애들은 학교에 아예 치마를 안 입고 갈 정도였다. 지금 같으면 당연히 절대로 해선 안 되는 장난이다. 그리고 그때도 결국 이 장난 때문에 큰일이 났다.

J는 우리가 몇몇 장난꾸러기 남자애들 때문에 치마를 안 입든 말든 그런 건 신경도 쓰지 않았다. 그

악동 같던 남자애들도 J에겐 꼼짝을 못 해서 감히 장난 같은 건 치지 않았다. 특유의 쌀쌀맞고 차갑고 어른스러운 분위기 때문이었는데, 만만한 우리에겐 늘 장난을 치던 악동들도 J에겐 알아서 기었다. 그런데 이 녀석들이 기어코 사고를 쳤다. 여름이라 다들 시원한 옷을 입고 다녔는데 악동들이 무심코 '아이스케키'를 한 것이 무려 J였다. 악동들도 그게 J인 줄 모르고 장난을 쳤겠지. J인 걸 알고는 다들 새파랗게 질려서 도망갔으니까.

나는 어쩌다가 바로 그 앞에 있던 바람에 그 장면을 보게 되었는데… J의 팬티가 다 낡아 구멍이 숭숭 뚫려 있었다. J가 얼른 치마를 내렸기에 나만 못 본 것 같아서 다행이었지만. 얼음공주 같던 J는 그날 엄청나게 울었다. 악동들은 선생님에게 눈물을 펑펑 쏟으며 혼나고 수업 시간 내내 꿇어앉아 벌을 서야 했다. 나는 평소에 악악거리며 싸우던 악동 녀석들이 크게 혼이 난 것이 고소해 그날 일이 기억에 남았다.

하지만 초등학교를 졸업하고 고등학교에 올라가선 이것저것 신경 쓰느라 그때 일 같은 건 잊고 지냈다. 무척 친해지고 싶었지만 벽을 치는 바람에 말도 제대로 섞어보지 않았던 J 역시 가물가물했다. 어느 날 시장에 다녀온 엄마에게 그 말을 듣기 전까진.

"너 어릴 때 같은 반이던 J 기억나지?"

"걔가 누군데?"

"아니 왜, 이 윗동네 살던 애 말이야. 키도 크고 공부도 잘하던, 너랑 5학년 때 같은 반이었나? 머리 하나로 이렇게 묶고 다니던…"

"아! 하나도 안 친했는데, 뭐. 걔 성격이 하도…"

"걔 죽었대."

순간 내가 잘못 들은 줄 알았다.

"걔가 왜 죽어? 근데 엄마가 걔를 어떻게 알아?"

"걔네 엄마, 아니 걔네 새엄마가 시장에서 장사 했잖아. 아주 옛날부터 봐서 잘 알지. 걔네 아빠도 알고. 돌아가시긴 했지만…"

그동안 잊고 살았던 J의 소식에 너무 놀라 아무 말도 귀에 들어오지 않았다. 오랜만에 겨우 들은 근황이 죽음이라니. 어린 나이에 처음 들은 친구의 부고였다.

"사고가 크게 났대. 왜, 요새 시장 앞에 공사하잖아. 커다란 덤프트럭이 후진하다가 뒤를 못 보고 그만…. 학교 끝나면 지네 엄마 장사하는 데서 뒷정리하는 거 도와주고 같이 집으로 가고 그랬다더라. 친딸도 아닌데 그렇게 효녀였대. 걔네 엄마 지금 혼을 놓고 쓰러졌어"

J는 아주 어릴 때 엄마가 돌아가셨는데(정말 돌아가셨는지 주정뱅이 아버지 때문에 집을 나갔는지는 모른다고 했다), 그러다가 새엄마가 생긴 게 아마 J가 초등학교 고학년 때쯤. 나랑 같은 반이었을 때다. 그제야 그 당시의 J가 그때 까칠했던 이유를 이해할 수 있었다. J는 이미 어린 나이에 너무 많은 걸 겪었을 것이다. 나이도 우리보다 두 살인가 많다고 했다. J의 아버지

는 전국을 돌아다니느라 취학통지서가 나와도 아이를 학교에 보내지 않았고, 그래서 또래보다 늦게 학교에 입학할 수밖에 없었다. 나는 눈물이 폭포수처럼 흘러 귀까지 막힐 지경이었다.

아버지는 바빠서 집에 잘 들어오지 않았고 J는 피 한 방울 안 섞인 새엄마와 둘이 가족을 이루고 살았다. 아마 J의 낡은 팬티는 그래서였겠지. 우리보다 두어 살 많았던 J는 이미 사춘기가 왔을 테다. 그래도 J와 새엄마는 점점 익숙해졌다. 우리에겐 까칠했을지라도 주위에서 효녀 소리를 들을 만큼 각별했다고 한다. 항상 시장에서 장사 일을 돕고.

"그러다가 걔네 아버지가 돌아가셨어."

J의 아버지가 사고로 돌아가신 후에도 J와 새엄마는 계속 함께 살았다. 둘은 피 한 방울 섞이진 않았어도 서로에게 진정한 가족이었겠지. 그런데 엄마의 마지막 말이 나를 또 오열하게 했다.

"애가 얼마 전에 그러더래. 나 팬티 좀 사달라고."

J는 왜 그 말을 했을까? 아직도 낡은 팬티를 입고 있을까? 아니, 이젠 엄마가 진짜 엄마처럼 편해졌으니 그 말을 한 거겠지? 난 J의 빈소에 가고 싶었지만 형편상 차리지 못한 빈소에 찾아갈 수도 없었다. J는 키도 크고 공부도 잘했으며 똑똑했다. 말도 똑 부러지게 잘했으며 누구에게든 신세 지는 걸 싫어했다. 형편이 안 좋으니 빨리 졸업해서 돈을 벌겠다며 실업계 학교로 진학했다고 한다. 아마 J는 훌륭한 어른이 되었을 거다.

나의 단편 만화에서 주인공이 상대에게 묻는다. "서양화 중에서 천사를 그린 그림이 굉장히 많잖아요? 그 천사들은 옷 속에 팬티를 입고 있을까요?" 대화상대는 영 엉뚱하고 괴상한 질문에 얼떨떨해하며 그런 건 한 번도 생각해 본 적 없다고 대답한다. 그러자 주인공은 미소 지으며 말한다. "난 천사들도 팬티를 입고 있을 거라고 생각해요"라고.

아마 천사가 된 내 친구 J도 엄마가 사준 예쁜 팬티를 입고 있을 거라고 생각한다.

• 이 내용은 단편집 《불완전한 사랑》에 〈천사의 팬티〉라는 동명의 제목으로 재구성되어 수록되어 있다.

인연

    학창 시절 고 피천득 시인의 《인연》이란 수필을 읽었다. 피천득 시인과 아사코는 세 번 만났다. 아사코가 아주 어릴 때, 아사코가 학교에 다닐 때, 그리고 아사코가 시들어갈 때. 우리는 살면서 지금 만나 함께 하는 인연과 생각지도 못했던 과거를 나중에야 알고 놀라기도 한다. 남편과 내가 그렇다. 잠깐 스쳐 지나갔거나 만난 적이 있음을 모르고 한참이라는 시간을 보냈다.

과거의 어느 시점에 우리가 전혀 몰랐던 인연을 알게 된 건 시어머님을 통해서였다. 나는 흑석동에서 태어나지는 않았지만 세 살에 이사 와서 성인이 될 때까지 쭈욱 살았다. 시부모님은 흑석동의 한 대학교 캠퍼스 커플이었다. 졸업하고 바로 결혼해서 그곳에서 살림을 차렸고 장남이었던 나의 남편을 낳았다. 내가 시어머님에게 얘기를 들어서 알게 되었으니 남편은 이 사실을 전혀 몰랐다. 연도를 따져보니 내가 부모님을 따라서 흑석동에 이사 왔을 때 나보다 세 살 어린 남편이 태어났다. 어렸던 날의 나와 남편이 같은 동네에 살았다니. 어쩌면 함께 만나 놀았거나 마주쳤을 수도 있다. 인연이 얼마나 신기하고 재미있던지.

흑석동은 지금이야 발전한 동네지만 과거에는 뒤에는 달마산, 앞에는 한강이 버티고 있어 입지가 무척 좋음에도 지하철이 들어오지 못해 발전 가능성이 낮았다. 게다가 산을 끼고 있어 전형적인 가난한

산동네가 형성되었다(지금은 기술이 발전해서 지하철도 이미 들어왔고 어릴 적 내가 발 담그고 뛰놀던 한강은 고급 아파트 단지가 되었다). 그 가난하고 좁은 동네에서 남편과 나는 기억도 나지 않는 과거의 어느 한때를 함께 살았다. 그리고 남편은 곧 그때는 아무도 살지 않던 허허벌판 뽕밭의 잠실로 이사를 했다.

나와 남편이 다시 만난 건 내 친구, 정확히 말하면 나의 남사친이었던 작가의 화실이었다. 남편은 내 친구의 문하생이었다고 한다(이렇게 말하는 것은 나는 기억이 안 나기 때문이다). 내 친구는 고등학교 때부터 알던 남자애였는데 만화동아리 활동을 하면서 친해졌다. 같은 해에 데뷔해서 스크린톤이나 만화 재료 같은 걸 빌리러 자주 놀러 갔다. 그 친구의 화실에서 남편은 놀러 온 나를 보고 반했다(남편 얘기니 반했는지 괜히 그렇게 둘러댔는지 확인할 길은 없다). 자기가 배우고 있는 선생님의 친구이니 마음에 든다고 해서 감히(?) 어떻게 들이대진 못했다. 게다가 지금도 그

럴지만 남편은 엄청나게 소극적이고 내성적인 성격이었다.

1990년대 말 청소년 보호법이 만들어지며 정부에선 공공의 적으로 만화를 콕 찍어 마녀사냥을 했다. 만화가 청소년들을 소위 나쁜 길로 타락시킨다는 이유였다. 정부기관과 학부모연합이 서울역 광장에 모여 만화책을 탑처럼 높이 쌓아놓고 불을 질러 화형식을 했다. 만화가들은 그 옆에 무릎 꿇고 앉아 삭발식을 하거나 만화를 살려달라는 '만화는 유해하지 않다' 피켓을 들고 울면서 국민에게 호소했다.

그곳에서 남편을 다시 만났다. 남편은 자기를 기억하냐고 했다. 누구누구 작가님 문하생이었던 누구라고. 자기는 이제 갓 데뷔해 신인 만화가가 되었다고 했다. 우리는 거기서 만나 함께 시위하며 친해져 연애를 했고 몇 년 뒤에는 결혼까지 했다. 남편은 자기 성격상 그런 집회를 나간 것은 정말 큰 용기를 낸 거랬다. 나에게 말을 건 것은 더 큰 용기가 필요했고. 그 말이 사실이든 아니든 우리는 삼 년 동안 연애했고 그 뒤엔 결혼을 했고 결혼하고 사 년 뒤엔 힘들게 아이도 낳았다.

　나는 아기가 태어났을 때의 남편의 반응을 잊지 못한다. 그가 엄청나게 기뻐하고 수고했다고 해줘서가 아니다. 서른다섯이었던 나는 출산이 늦은 편이었다. 노산으로 인해 배 속의 아기는 여러 가지 산전검사를 해야만 했다. 건강한 출산을 위한 여러 가지 노력에도 불구하고 아기는 역아에다 출산 막달까지 위치가 바로 돌아오지 않았다. 나는 임신중독에 임신성 고혈압, 임신성 당뇨로 몸무게가 20킬로그램이나 늘었고 전치태반까지 있었다. 결국 예견된 난산으로 제왕절개 수술을 결정했다. 마취 주사를 맞은 나는 정신을 잃었고 깨어나니 배 속은 텅 비어있었다. 남편은 내 다리를 주무르며 울음 가득한 얼굴이었다. 시부모님과 나의 부모님은 모두 아기를 보러갔지만, 남편은 내가 깨어날 때까지 마취가 풀리지 않은 다리를 주무르며 나를 지키고 있었다. 내가 깨어나지 않을까 봐 울면서.

　부모는 아이가 아기 때 부모에게 웃어준 미소 하나로 아이가 클 때까지 갖은 고통과 힘듦을 견디며 키운다고 한다. 나는 우리 사이에 고난이 찾아올 때마다 아기를 낳고 마취에서 깨어났을 때 내 다리를 주무르며 울던 남편을 생각한다. 그도 부모님들처럼 갓 태어난 아기가 보고 싶지 않았을까. 하지만 그는 내가 혹시 깨어나지 않을까 봐, 내가 더 걱정되고 소중해서 내 곁에 있었던 것이다. 나는 우리 사이에 맞닿아있었던 여러 인연을 떠올린다. 그리고 우리가 이렇게 나이 들어가는 모습을 함께 보며 살아가는 것 또한 좋은 인연이라, 끝까지 곁에 있고 싶다고 생각한다.

자두맛 캔디

2024년 12월 18일 초판 1쇄 발행

지은이 이빈
펴낸이 이원주

책임편집 류지혜　**디자인** 윤민지
기획개발실 강소라, 김유경, 강동욱, 박인애, 이채은, 조아라, 최연서, 고정용
마케팅실 양근모, 권금숙, 양봉호, 이도경　**온라인홍보팀** 신하은, 현나래, 최혜빈
디자인실 진미나, 정은예　**디지털콘텐츠팀** 최은정　**해외기획팀** 우정민, 배혜림
경영지원실 홍성택, 강신우, 김현우, 이윤재　**제작팀** 이진영
펴낸곳 비에이블　**출판신고** 2006년 9월 25일 제406-2006-000210호
주소 서울시 마포구 월드컵북로 396 누리꿈스퀘어 비즈니스타워 18층
전화 02-6712-9800　**팩스** 02-6712-9810　**이메일** info@smpk.kr

ⓒ 이빈(저작권자와 맺은 특약에 따라 검인을 생략합니다)
ISBN 979-11-94246-52-7 (03810)

- 이 책은 저작권법에 따라 보호받는 저작물이므로 무단전재와 무단복제를 금지하며, 이 책 내용의 전부 또는 일부를 이용하려면 반드시 저작권자와 (주)쌤앤파커스의 서면동의를 받아야 합니다.
- 잘못된 책은 구입하신 서점에서 바꿔드립니다.
- 책값은 뒤표지에 있습니다.
- 비에이블은 (주)쌤앤파커스의 브랜드입니다.

쌤앤파커스(Sam&Parkers)는 독자 여러분의 책에 관한 아이디어와 원고 투고를 설레는 마음으로 기다리고 있습니다. 책으로 엮기를 원하는 아이디어가 있으신 분은 이메일 book@smpk.kr로 간단한 개요와 취지, 연락처 등을 보내주세요. 머뭇거리지 말고 문을 두드리세요. 길이 열립니다.